PRENTICE HALL ③
Realidades
Practice Workbook

PEARSON
Prentice
Hall

Needham, Massachusetts
Upper Saddle River, New Jersey

33   19

ISBN 0-13-036003-1

Para empezar

Tu vida diaria

Entre amigos

Todos los días haces cosas diferentes. Responde las preguntas de tu amigo usando las ilustraciones.

Modelo

— ¿Qué traes?

— *Traigo unos libros.*

1.

—¿Qué tienes que escribir?

_____

2.

—¿Cuándo desayunas?

_____

3.

—¿Qué oyes?

_____

4.

—¿Adónde vas?

_____

5.

—¿Qué pones en la mochila?

_____

6.

—¿A qué hora sales de casa?

_____

7.

—¿Qué desayunas?

_____

8.

—¿Qué eres?

_____

Go Online
PHSchool.com
WEB CODE
jed-0001

Realidades 3

Para empezar

Tu vida diaria

Nombre _____

Hora _____

Fecha _____

Practice Workbook **P-2**

¿Qué quieres (o no quieres) hacer?

A veces la gente quiere hacer cosas, y a veces no quiere hacerlas. Di lo que estas personas quieren o no quieren hacer, utilizando los elementos que aparecen entre paréntesis.

Modelo	¿Lavo el coche? (querer / mañana)

Quiero lavar el coche mañana.

_____

1. ¿Juegas al fútbol? (querer / por la tarde)

_____

2. ¿Voy al supermercado contigo? (poder / a las 5:00)

_____

3. ¿Sirven la cena? (empezar / a las 8:00)

_____

4. ¿Hilda da de comer al perro? (preferir / por la noche)

_____

5. ¿Pierde Juan el partido? (no querer / la semana próxima)

_____

6. ¿Jugamos hoy? (comenzar / esta tarde)

_____

7. ¿Cortan Uds. el césped? (no poder / ahora)

_____

8. ¿Hace Ud. el desayuno? (preferir / temprano por la mañana)

_____

Go Online WEB CODE jed-0002
PHSchool.com

¿A qué hora?

Todos los días hacemos actividades a la misma hora. Escribe frases para expresar lo que hacen estas personas a cada hora.

Modelo

Pablo

Se lava la cara a las siete de la mañana. _____

1. Rolando

_____

2. yo

_____

3. tú

_____

4. yo

_____

Andrés

_____

5.

Ud.

_____

6.

nosotros

_____

7.

Nombre _____

Hora _____

Fecha _____

¿Qué te gusta?

¿Qué les gusta hacer a estas personas? Primero contesta la pregunta, y luego escribe una frase usando una de las expresiones del recuadro.

encantar las fiestas	encantar hablar con ellos	gustar el béisbol
encantar la guitarra	encantar las películas policíacas	interesar la ropa
interesar los bailes	encantar las telenovelas	

Modelo ¿Qué te gusta hacer? (ver la televisión)
Me gusta ver la televisión porque me encantan las telenovelas.

1. ¿Qué les gusta hacer a Uds.? (ir al cine)

   _____

2. ¿Qué le interesa hacer a Octavio? (practicar deportes)

   _____

3. ¿Qué les encanta hacer a tus amigos? (ir a bailar)

   _____

4. ¿Qué te gusta hacer? (reunirse con mis amigos)

   _____

5. ¿Qué le gusta hacer a Ud.? (tocar un instrumento musical)

   _____

6. ¿Qué nos gusta hacer (ir de compras)

   _____

7. ¿Qué me gusta hacer? (celebrar mi cumpleaños)

   _____

Go Online WEB CODE jed-0004
PHSchool.com

Realidades 3

Para empezar

Días especiales

Nombre _____

Fecha _____

Hora _____

Practice Workbook **P-5**

Tiempo libre

A. Isabel habla de cómo son las vacaciones con su familia. Completa el párrafo con los posesivos que faltan.

Mis padres y hermanos son muy divertidos. Me encanta ir de vacaciones con

(1.) _____ familia. Viajo con **(2.)** _____ padres y **(3.)** _____ dos

hermanos. Tenemos un perro. Este año podemos llevar a **(4.)** _____ perro también

porque vamos en coche. Vamos a un hotel que está en la playa. **(5.)** _____ mamá

está muy contenta porque no tiene que hacer los quehaceres de la casa cuando estamos

de vacaciones. Mi hermano Paquito está contento porque no tiene que hacer

(6.) _____ tarea. Y mi hermana Rosita está contenta porque no tiene que ayudar

a mamá con los quehaceres. Papá está contento también porque no tiene que pensar en

(7.) _____ trabajo. Todos **(8.)** _____ días son especiales cuando estamos de

vacaciones. Y ahora, dime tú, ¿cómo son las vacaciones con **(9.)** _____ familia?

B. Tu maestra tiene muchas preguntas sobre tus amigos y tu familia. Completa las respuestas usando el adjetivo posesivo apropiado.

Modelo ¿Tu amiga está aquí? No, _____*mi*_____ amiga no está aquí.

1. ¿La ropa de Matilde es elegante? Sí, _____ ropa es elegante.

2. ¿Están de vacaciones tus padres? No, _____ padres no están de vacaciones.

3. ¿El equipo de José y Alberto es bueno? Sí, _____ equipo es bueno.

4. ¿Vas a la fiesta sorpresa de Gerardo? No, no voy a _____ fiesta sorpresa.

5. ¿Las fiestas de Uds. son especiales? No, _____ fiestas no son especiales.

6. ¿Mis libros están en la maleta? No, _____ libros no están en la maleta.

7. ¿Están emocionadas las hermanas de Felipe? Sí, _____ hermanas están emocionadas.

8. ¿Quieres ir a tu club? Sí, quiero ir a _____ club.

WEB CODE
jed-0005
PHSchool.com

Realidades 3

Para empezar

Nombre _____

Fecha _____

Hora _____

Practice Workbook **P-6**

Grammar

1. Write the first-person form for the present indicative of the following verbs:

    conocer _____   ver _____

    dar _____   caer _____

2. Conjugate the following verbs in the present indicative:

    perder

    poder

    pedir

3. What are the two parts of a Spanish reflexive verb? Give three examples.

    _____

    _____

4. List the reflexive pronouns.

5. What do the verbs *encantar, importar,* and *interesar* have in common with the verb *gustar*?

    _____

6. When do we use the singular form of the above verbs and when do we use the plural?

    _____

7. What prepositional phrase can we use instead of the possessive pronouns *su / sus* for clarity or emphasis?

    _____

Realidades 3

Nombre _____

Hora _____

Capítulo 1

Fecha _____

Practice Workbook **1-1**

A ver si recuerdas . . .

Vacaciones inolvidables

Usa la información que te damos para contar lo que estas personas hicieron durante las vacaciones. Escribe los verbos en pretérito.

Modelo   Emilia / ir al mar
Emilia fue al mar.

1. nosotros / montar a caballo

_____

2. tú / ir al campo

_____

3. los hermanos Ortega / dar una caminata

_____

4. yo / montar en bicicleta

_____

5. Uds. / viajar a las montañas

_____

6. Roberto / ir de pesca

_____

7. Ud. / sacar fotos

_____

8. Paquita / ver monos en un zoológico

_____

Realidades ③

Capítulo 1

Nombre _____

Hora _____

Fecha _____

Practice Workbook **1-2**

A ver si recuerdas . . .

Actividades al aire libre

Mira los dibujos y escribe lo que hicieron estos jóvenes la semana pasada. Usa el pretérito de los verbos.

Modelo _____ Juan Luis _montó en monopatín_ _____.

1. Margarita _____.

2. Nicolás y Pedro _____.

3. Estela _____.

4. Lourdes y Consuelo _____.

5. Mario _____.

6. Ramón _____.

¡Qué aventura!

Usa la información que te damos y los dibujos para contar lo que hicieron estos amigos en la sierra.

Modelo

Los chicos lo ___*pasaron bien*___ cuando fueron de cámping.

1. Ellos llevaron su _____ a la sierra.

2. Al _____, ellos usaron _____ para ver.

3. Marcos durmió en _____.

4. Mis amigos y yo dimos _____ por un _____ con pocos árboles.

5. Mis amigos y yo _____ en la cabaña cuando empezó a _____.

6. Trajimos _____ para no _____.

WEB CODE
jed-0102
PHSchool.com

Realidades ③

Capítulo 1

Nombre _____

Fecha _____

Hora _____

Practice Workbook **1-4**

Van de cámping

A. Contesta las preguntas con frases completas usando palabras de la lección.

Modelo	¿Dónde te refugias cuando vas de cámping?

Me refugio en una tienda de acampar.

1. ¿Qué usas cuando te molestan los mosquitos?

_____

2. ¿Qué usaron ellas para ver de lejos?

_____

3. Él se despierta muy temprano. ¿Cuándo se despierta?

_____

4. ¿Por qué te caes cuando te tropiezas con una roca?

_____

B. Usa las palabras del recuadro para completar la historia de Carmen y sus amigas.

la oeccanher	nua zev laíl	cihaa	aceraper
sía	ejdó ed	nu trao	

Mis amigas y yo fuimos a acampar en la sierra. Luisa conocía un lugar ideal. Caminamos

una hora para llegar. **(1.)** _____, sacamos la tienda de acampar. De repente,

empezó a caer granizo. Corrimos **(2.)** _____ la tienda y nos refugiamos.

Cuando **(3.)** _____ llover, salimos otra vez y fuimos a ver el lago. Pasamos

(4.) _____ allí. **(5.)** _____ hicimos una fogata y

(6.) _____ pudimos preparar la cena. ¡Qué bien lo pasamos!

Go Online WEB CODE jed-0102
PHSchool.com

Realidades 3

Capítulo 1

Nombre _____

Fecha _____

Hora _____

Practice Workbook **1-5**

Desastres horribles

A. Completa esta conversación con el pretérito del verbo apropiado.

| Modelo | Nadie ___creyó___ (*creer / destruir*) lo que dije.

—Yo **(1.)** _____ (*leer / creer*) algo horrible en el periódico. No sé si lo

(2.) _____ (*caer / leer*) tú también. Hubo una tormenta terrible en

Nicaragua.

—Mi hermano y yo **(3.)** _____ (*oír / leer*) la noticia en la radio. Parece

que la tormenta **(4.)** _____ (*destruir / caerse*) muchas casas.

—También **(5.)** _____ (*caerse / leer*) muchos árboles.

—Muchas personas **(6.)** _____ (*creer / destruir*) que iban a morir.

B. Completa esta noticia con el pretérito del verbo apropiado.

Mis amigos no **(1.)** _____ (*creer / caer*) lo que pasó ayer. Hubo un terremoto en

el centro de la ciudad. A las once y veintidós yo **(2.)** _____ (*oír / creer*)

un ruido terrible. La tierra **(3.)** _____ (*dejar / empezar*) a temblar.

(4.) _____ (*caerse / leer*) muchas casas.

El terremoto **(5.)** _____ (*caerse / destruir*) muchos edificios. Hoy, todos

(6.) _____ (*leer / oír*) las noticias sobre el terremoto en la radio,

y **(7.)** _____ (*leer / creer*) lo que pasó en los periódicos.

Realidades 3

Capítulo 1

Nombre _____

Fecha _____

Hora _____

Practice Workbook **1-6**

Un día en la sierra

Tú y tus amigos pasaron un día en la sierra. Completa esta historia con el pretérito de los verbos que aparecen entre paréntesis.

Mis amigos y yo fuimos a la sierra. Mis padres nos **(1.)** _____ (decir)

que el paisaje era muy hermoso. Mi hermanita **(2.)** _____ (venir)

con nosotros. Marcos **(3.)** _____ (decir) que no podía venir.

Él **(4.)** _____ (tener) que ir con sus primos al centro.

Después de llegar a la sierra, mis amigos y yo **(5.)** _____ (poder) hacer

una fogata. Entonces nosotros **(6.)** _____ (decir): "¡Vamos a comer!". Después

de comer, nosotros **(7.)** _____ (andar) mucho por los senderos del bosque.

Todos mis amigos **(8.)** _____ (traer) sus brújulas, y por eso nosotros no

(9.) _____ (tener) problemas. Yo **(10.)** _____ (poner) el

repelente de insectos en mi mochila.

Después, mi hermanita y yo **(11.)** _____ (ir) al lago. Yo

(12.) _____ (poder) pescar un poco. Otros **(13.)** _____ (andar)

alrededor del lago. Estábamos muy cansados y **(14.)** _____ (tener) que

descansar antes de volver a casa. Después de nuestro día en la sierra nosotros

(15.) _____ (estar) muy contentos.

Realidades 3

Capítulo 1

Nombre _____

Fecha _____

Hora _____

Practice Workbook **1-7**

¿Todos se divierten?

A. ¿Qué le pasó a Andrea anoche? Completa su cuento usando el pretérito del verbo apropiado del recuadro.

divertirse	dormir	morir	preferir	sentir	sugerir

Anoche Andrea tuvo mucho sueño y se **(1.)** _____ temprano. De repente **(2.)**

_____ que la cama temblaba. ¡Era un terremoto! Andrea recordó lo que un

amigo le **(3.)** _____ una vez: estar debajo de la puerta. Por suerte, nadie **(4.)**

_____ ni hubo heridos. Pobre Andrea no **(5.)** _____

para nada.

B. Claudia y Patricia acamparon en la sierra durante las vacaciones de primavera. Para saber cómo lo pasaron, completa el párrafo con el pretérito de los verbos apropiados del recuadro.

andar	divertirse	dormirse	estar
leer	oír	traer	vestirse

Claudia **(1.)** _____ en el periódico sobre la Sierra Altamira. Decidió ir a la

sierra con su amiga Patricia. Ellas **(2.)** _____ con ropa adecuada. Claudia

(3.) _____ su tienda de acampar y Patricia llevó dos sacos de dormir.

Salieron al amanecer y **(4.)** _____ por un largo camino hasta llegar a la sierra.

Escalaron una rocas y luego acamparon. Por la noche, **(5.)** _____ temprano.

De repente, Patricia se despertó porque **(6.)** _____ un ruido. Por eso **(7.)**

_____ nerviosas toda la noche y no pudieron dormir. Al día siguiente, las

chicas dieron un paseo por la sierra. Luego regresaron a casa. Claudia y Patricia lo pasaron

bien y se divirtieron mucho aunque durmieron poco.

Realidades 3

Capítulo 1

Nombre _____

Fecha _____

Hora _____

Practice Workbook **1-8**

Una carrera atlética

¿Qué pasó en la competencia? Mira los dibujos y completa las oraciones.

Modelo

Martín y Marcos _____*se inscriben*_____ para participar en la carrera.

1. Marianela obtuvo _____.

2. Cuando Marianela ganó la competencia, su hermanito

   le dijo _____.

3. Yo pasé mucho tiempo _____

   antes de participar en la carrera.

4. Asistimos a la ceremonia de _____

5. Alberto es el campeón. Recibió _____.

6. Matilde es campeona. Tiene su _____

7. Los padres de Matilde están muy

   _____ de su hija.

Realidades 3

Capítulo 1

Nombre _____

Fecha _____

Hora _____

Practice Workbook **1-9**

Una carta

Eugenia le escribe una carta a su primo Carlos para contarle algo maravilloso. Lee su carta y contesta las preguntas que siguen.

> *Querido Carlos:*
>
> *¿Cómo estás? ¿Y tus padres? Aquí todos estamos bien. Te escribo para contarte algo increíble. ¿Te acuerdas que te dije que yo iba a participar en la carrera de San Marcos el domingo? Me inscribí hace dos meses y pasé mucho tiempo entrenándome. Y ¿sabes, Carlos? ¡Alcancé mi meta! Fue una carrera muy dura, pero la gané. ¡Cuánto me emocioné! Después de la carrera hubo una entrega de premios. Mis padres estaban muy orgullosos cuando me vieron con el trofeo que obtuve.*
>
> *La semana pasada me inscribí para las carreras de verano que tienen lugar en julio. Esas carreras son muy difíciles porque en ellas participan jóvenes de todo el país. Me doy cuenta de que tengo que hacer un esfuerzo muy grande y ya he empezado el entrenamiento. ¡Si gano esas carreras obtendré una medalla!*
>
> *Bueno, Carlos, muchos saludos a tus padres y un beso de tu prima.*
>
> *Eugenia*

Preguntas

1. ¿En qué competencia atlética participó Eugenia?

   _____

2. ¿Qué le dieron a Eugenia en la ceremonia?

   _____

3. ¿Cómo se sintieron los padres de Eugenia?

   _____

4. ¿En que otra competencia va a participar Eugenia?

   _____

5. ¿Qué debe hacer para ganar esa competencia?

El trofeo de Victoria

Completa la historia de Victoria y su trofeo, usando el pretérito o el imperfecto del verbo apropiado. La primera frase ya está hecha.

A Victoria Martínez siempre le **(1.)** ___*gustaban*___ (*gustar / comer*) las

competencias deportivas. Todos los días **(2.)** _____ (*pensar / correr*) en ganar

un trofeo. Por eso ella **(3.)** _____ (*leer / entrenarse*) todas las semanas,

(4.) _____ (*correr / destruir*) ocho kilómetros cada día y

(5.) _____ (*hacer / venir*) mucho ejercicio. Todos los días

(6.) _____ (*oír / leer*) el periódico para ver cuándo **(7.)** _____

(*ser / saber*) las carreras de Santo Tomás. Un día leyó que las carreras

(8.) _____ (*ir / destruir*) a tener lugar en agosto y entonces Victoria se

inscribió. Ella **(9.)** _____ (*creer / tener*) tres meses para prepararse.

Por fin llegó el día de la carrera. Victoria **(10.)** _____ (*caer / saber*) que

(11.) _____ (*beber / competir*) con los mejores atletas del país. Sin embargo, no

se desanimó. Cuando empezó la carrera, Victoria **(12.)** _____ (*sentirse / ir*) en

cuarto lugar, pero después hizo un esfuerzo y ganó. ¡Le dieron su trofeo! Todos sus amigos

(13.) _____ (*estar / competir*) emocionados y gritaban "¡Felicitaciones!".

Mi tío el atleta

A. Consuelo te habla sobre su tío Antonio. Ella te cuenta lo que le pasó a su equipo de fútbol. Completa el párrafo con el pretérito o el imperfecto del verbo apropiado del recuadro.

ir	ser	ganar	beber
gustar	obtener	jugar	

Déjame contarte algo acerca de mi tío. Mi tío Antonio **(1.)** _____ muy

deportista y siempre le **(2.)** _____ mucho los deportes. De niño siempre

(3.) _____ a los partidos de fútbol con su papá. Antonio también

(4.) _____ al fútbol por dos años. Su equipo no era muy bueno y casi

nunca **(5.)** _____. Pero una vez ellos **(6.)** _____ el trofeo del

primer lugar.

B. Ahora Amanda, la hermana de Consuelo, sigue contando la historia de su tío Antonio. Completa el párrafo con el pretérito o el imperfecto del verbo apropiado del recuadro.

hacer	dar	haber	entrenar
emocionarse	contar	nadar	

Antonio me **(1.)** _____ cómo pasó eso. Me dijo que los jugadores de su

equipo se **(2.)** _____ todos los días. El día del partido, el equipo

(3.) _____ un esfuerzo y logró ganar. Después **(4.)** _____ una

entrega de premios y le **(5.)** _____ al equipo de Antonio el trofeo. Todos los

jugadores **(6.)** _____ mucho.

Realidades 3

Capítulo 1

Nombre _____

Fecha _____

Hora _____

Practice Workbook **1-12**

La competencia

Un amigo te hace preguntas acerca de una competencia. Primero completa la pregunta, usando el pretérito o el imperfecto del verbo según el caso. Luego escribe la respuesta.

Modelo

¿En qué mes _____*fue*_____ (ser) la competencia?

La competencia fue en julio.

1.

¿Dónde _____ (tener) lugar esa competencia?

_____

2.

Generalmente, ¿qué competencia _____ (haber)?

_____

3.

¿Qué hora _____ (ser) cuando empezó la competencia?

_____

4.

¿_____ (hacer) calor o frío cuando empezó la competencia?

_____

5.

Generalmente, ¿cuántos atletas _____ (participar) en la competencia?

_____

6.

¿Qué _____ (haber) ayer después de la competencia?

_____

7.

¿Qué _____ (obtener) el ganador de la competencia todos los años?

Go Online WEB CODE jed-0110
PHSchool.com

Realidades 3

Capítulo 1

Nombre _____

Fecha _____

Hora _____

Practice Workbook **1-13**

Organizer

I. Vocabulary

Actividades al aire libre

_____

_____

_____

_____

Para describir la naturaleza

_____

_____

_____

_____

Para hablar de cámping

_____

_____

_____

_____

Para hablar del tiempo

_____

_____

_____

_____

Para hablar de competencias deportivas

_____

_____

_____

Para expresar emociones e impresiones

_____

_____

_____

Para indicar cuándo sucede algo

_____

_____

_____

Para prepararse para un evento deportivo

_____

_____

_____

Realidades 3

Capítulo 1

Nombre _____

Fecha _____

Hora _____

Practice Workbook **1-14**

Organizer

II. Grammar

1. In verbs ending in *-uir*, the letter _____ changes to the letter _____ in the Ud. / *él* / *ella* forms of the preterite.

2. The preterite forms of *poner* are:

   _____ _____

   _____ _____

   _____ _____

   The preterite forms of *decir* are:

   _____ _____

   _____ _____

   _____ _____

3. The preterite forms of *pedir* are:

   _____ _____

   _____ _____

   _____ _____

   The preterite forms of *dormir* are:

   _____ _____

   _____ _____

   _____ _____

4. The imperfect endings of *-ar* verbs are:

   yo _____   nosotros(as) _____

   tú _____   vosotros(as) _____

   él/ella/Ud. _____   ellos/ellas/Uds. _____

   The imperfect endings for regular *-er/-ir* verbs are:

   yo _____   nosotros(as) _____

   tú _____   vosotros(as) _____

   él/ella/Ud. _____   ellos/ellas/Uds. _____

5. List three uses of the imperfect tense.

   a. _____

   b. _____

   c. _____

20 *Repaso del capítulo* ▬ *Gramática*

A ver si recuerdas . . .

Hablemos de arte

Luis y Ernesto quieren hacer comparaciones sobre arte. Ayúdalos escribiendo frases completas con la información que te damos.

Modelo   esta obra de arte / + sencillo / esa obra de arte

Esta obra de arte es más sencilla que esa obra de arte.
_____

esta obra de arte / - sencillo / esa obra de arte

Esta obra de arte es menos sencilla que esa obra de arte.

esta obra de arte / = sencillo / esa obra de arte

Esta obra de arte es tan sencilla como esa obra de arte.
_____

1. el museo de arte de Bilbao / + moderno / el museo de arte de Madrid

_____

2. estos pintores / – interesante / esos pintores

_____

3. tus obras de arte / = feo / mis obras de arte

_____

4. las estatuas de la plaza / – realista / las estatuas del parque

_____

5. el estilo de Carrillo / = complicado / el estilo de Obregón

_____

6. esta artista / + serio / esa artista

_____

7. esos cuadros / – bonito / estos cuadros

_____

8. los paisajes de este museo / + bueno / los paisajes de otros museos

_____

Realidades ③

Capítulo 2

Nombre _____

Fecha _____

Hora _____

Practice Workbook **2-2**

A ver si recuerdas . . .

Mis amigos artistas

Carla te está hablando de sus amigos artistas. Usa los dibujos para escribir frases superlativas.

cómico

Modelo 👍 *Fernando es el actor más cómico de todos.*

👎 *Fernando es el actor menos cómico de todos.*

1. 👎 talentoso _____

2. 👍 inolvidable _____

3. 👎 interesante _____

4. 👍 malo _____

5. 👍 perezoso _____

6. 👍 bueno _____

WEB CODE
jed-0201
PHSchool.com

Nombre _____   Hora _____

Fecha _____   Practice Workbook **2-3**

Pintura y escultura

Estás de visita en un taller de arte. Mira los dibujos y completa las frases para decribir lo que ves.

1. Simón y Cristina pintan _____ en la pared.

2. Lorenza tiene varios colores en su _____.

3.  Rogelio hace una _____ abstracta.

4.  Los estudiantes pintan dentro del _____ de arte.

5.  Juan José pinta _____.

6.  Raquel y Elena trabajan _____.

7. Olivia tiene un _____.

Realidades ③

Capítulo 2

Nombre _____

Fecha _____

Hora _____

Practice Workbook **2-4**

La pintora y el crítico

A. Martín Dávila, crítico de arte, visita el taller de Mercedes Valenzuela. Completa las palabras para saber qué dice él acerca de esta pintora.

El taller de Mercedes Valenzuela **(1.)** m __ __ __ t __ __ por qué esta artista

es tan respetada. Sus cuadros **(2.)** __ __ p __ __ __ __ n muchos sentimientos

diferentes. Sus **(3.)** __ __ m __ s favoritos son la naturaleza y la familia, y

(4.) r __ __ __ __ __ __ __ t __ __ su amor por la vida. Se puede ver que el

pintor Armando Reverón **(5.)** i __ __ __ __ e mucho en su estilo. Las pinturas de

Valenzuela se vuelven más **(6.)** __ b __ __ __ c __ __ __ cada día. Esta pintora

ya es muy **(7.)** f __ m __ __ __ y yo creo que es una de las mejores artistas de este

(8.) s __ __ l __.

B. Ahora Mercedes Valenzuela nos habla de su arte. Completa las frases, sustituyendo *(substituting)* las palabras en paréntesis por palabras del vocabulario.

Mi estilo **(1.)** _____ *(se hace)* más complicado todos los días. Los críticos

dicen que mis **(2.)** _____ *(dibujos y pinturas)* son muy interesantes. Voy a mi

(3.) _____ *(estudio de arte)* todos los días. Yo prefiero estar

(4.) _____ *(en una silla)* cuando trabajo. A veces pinto

(5.) _____ *(cuadros de mí misma)*. Me gusta expresar

(6.) _____ *(alegría y tristeza)* en mis pinturas. Ahora estoy pintando un

paisaje. Al **(7.)** _____ *(la parte de atrás)* del cuadro se ven unas montañas.

Hay unos árboles en el **(8.)** _____ *(la parte de adelante)*.

No sabes lo que pasó

María le explica a su amiga Carmen por qué llegó tarde a la clase de arte. Completa su conversación con el pretérito o el imperfecto de los verbos que aparecen entre paréntesis, según el contexto.

CARMEN: ¿Qué pasó? Yo **(1.)** _____ (ver) que tú

(2.) _____ (llegar) tarde a la clase de arte.

MARÍA: Yo **(3.)** _____ (salir) de mi casa a tiempo, pero el autobús

(4.) _____ (llegar) tarde. Cuando yo

(5.) _____ (entrar) en la sala de clases, los estudiantes ya

(6.) _____ (estar) sentados.

CARMEN: Creo que **(7.)** _____ (ser) las nueve y diez cuando llegaste.

MARÍA: Creo que el profesor **(8.)** _____ (estar) enojado conmigo. No sé si

viste cómo me **(9.)** _____ (mirar) cuando me vio entrar tarde.

CARMEN: Yo vi que él **(10.)** _____ (dejar) de pintar.

(11.) _____ (poner) su pincel y su paleta en la mesa.

MARÍA: El profesor no **(12.)** _____ (decir) nada, pero sus ojos

(13.) _____ (expresar) sus sentimientos.

CARMEN: Sí, él **(14.)** _____ (empezar) el taller a las nueve, como de costumbre.

MARÍA: ¡Ay! No quiero que el profesor esté enojado conmigo. Su taller de arte es mi clase

favorita. Tengo que hablar con él para explicarle por qué yo

(15.) _____ (llegar) tarde.

CARMEN: Me parece buena idea.

Go Online
PHSchool.com WEB CODE jed-0203

Manos a la obra 1 — *Gramática* **25**

Realidades 3

Capítulo 2

Nombre _____

Fecha _____

Hora _____

Practice Workbook **2-6**

Una escena misteriosa

¿Qué ha pasado en el taller de arte? Usa *estar* + participio para contestar las preguntas y describir la escena.

Modelo
¿Alguien abrió la puerta del taller?
No, la puerta del taller ya estaba abierta.
_____

1. ¿Alguien cerró las ventanas?

   _____

2. ¿Los artistas hicieron el trabajo?

   _____

3. ¿Ellas pintaron los cuadros?

   _____

4. ¿Los estudiantes pusieron las paletas en la mesa?

   _____

5. ¿Ellos decoraron el taller?

   _____

6. ¿Alguien apagó las luces?

   _____

7. ¿El profesor se acaba de dormir?

   _____

8. ¿Los estudiantes escondieron las esculturas?

   _____

WEB CODE
jed-0205
PHSchool.com

Una visita al museo

A. Herminia está haciendo una lista de cosas que hizo cuando fue al Museo de Arte Nacional. Completa las frases usando el pretérito, el imperfecto o el imperfecto de *estar* y el participio pasado de los verbos, según el caso.

1. *(Ser)* _____ las once de la mañana cuando llegué al museo.

2. El guía del museo ya *(sentar)* _____ en su oficina.

3. El guía me dijo que *(llamarse)* _____ Manuel.

4. Manuel me *(hablar)* _____ sobre los cuadros mientras nosotros dos

   (caminar) _____.

5. Al final del día, yo *(cansar)* _____.

B. Sergio cuenta la visita que hicieron él y su hermana al museo de arte el viernes. Completa su historia usando el pretérito, el imperfecto, o el imperfecto de *estar* y el participio pasado de los verbos, según el caso.

El viernes pasado mi hermana y yo no **(1.)**_____ *(tener)* nada que

hacer. No **(2.)**_____ *(hacer)* muy buen tiempo, y por eso nosotros

(3.)_____ *(decidir)* ir al museo de arte. Nuestro profesor de arte nos dijo que

(4.)_____ *(haber)* muchas obras de arte interesantes allí.

(5.)_____ *(Ser)* las nueve y diez cuando llegamos y el museo ya

(6.)_____ *(abrir)*. Nosotros **(7.)**_____ *(entrar)* y

(8.)_____ *(empezar)* a mirar la colección del museo. Mi hermana y yo

(9.)_____ *(ver)* a unas personas que **(10.)**_____ *(parar)* delante

de una escultura abstracta.

Después de pasar dos horas en las salas del museo, le **(11.)**_____

(decir) a mi hermana que **(12.)**_____ *(tener)* hambre. Ella también

(13.)_____ *(querer)* comer y **(14.)**_____ *(ir)* al restaurante del

museo. Después **(15.)**_____ *(visitar)* la librería del museo. Fue un día muy

agradable.

Realidades 3

Capítulo 2

Nombre _____

Hora _____

Fecha _____

Practice Workbook **2-8**

Estudiantes talentosos

Todas estas personas realizan actividades artísticas. Mira los dibujos y completa las frases.

1.  Pedro y Tomás _____.

2.  Nos encantó el _____ de salsa.

3.  Ramón _____.

4.  Teresa es una _____ de cuentos para niños.

5.  Diego usa _____ cuando canta.

6.  Leonora y Carlos aprenden _____ del tango.

7.  Necesito comprar dos _____ para el espectáculo.

¿Adónde vamos a ir?

Elena y Jorge quieren salir esta noche, pero no pueden decidir adónde. Lee la conversación y completa el diálogo, sustituyendo *(substituting)* las palabras en paréntesis por palabras de vocabulario. No olvides usar los artículos determinados (el / la / los / las) o indeterminados (un / una / unos / unas), según el caso.

ELENA: Me gustaría ver **(1.)** _____ *(baile estilo ballet)* esta noche. ¿Qué te

parece?

JORGE: Yo prefiero ver al **(2.)** _____ *(grupo)* de salsa "Bandoleros".

ELENA: ¿Qué sabes de ellos?

JORGE: Un crítico **(3.)** _____ *(muy conocido)* los recomendó en

(4.) _____ *(artículo)* del periódico.

ELENA: ¿Y qué escribió?

JORGE: Dijo que las canciones de "Bandoleros" tienen excelente

(5.) _____ *(palabras de la canción)* y

(6.) _____ *(música)*.

ELENA: ¿El grupo "Bandoleros" **(7.)** _____ *(ser similar)* al grupo

"Los chicos"?

JORGE: Sí. Los dos tocan salsa, pero tienen **(8.)** _____ *(compases)*

diferentes. ¿Qué sabes del ballet?

ELENA: Los bailarines son famosos y muy buenos. El año pasado

(9.) _____ *(actuaron)* "El lago de los cisnes".

JORGE: ¿Y este año?

ELENA: Este año van a **(10.)** _____ *(hacer)* "El cascanueces".

JORGE: El ballet va a estar toda la semana y el grupo de salsa esta noche solamente. Vamos

a ver a "Bandoleros" hoy y mañana podemos ir a ver el ballet que es

(11.) _____ *(obra)* más serio.

ELENA: De acuerdo. Yo voy a comprar **(12.)** _____ *(boletos)* para

"Bandoleros" ahora mismo.

JORGE: ¡Y compra las de "El cascanueces" al mismo tiempo!

Realidades 3

Capítulo 2

Nombre _____

Fecha _____

Hora _____

Practice Workbook **2-10**

El teatro de los estudiantes

Los estudiantes presentan una obra de teatro, y hoy es la primera noche. Para saber cómo estuvieron las cosas, completa estas frases con el imperfecto de *ser* o *estar*, según el contexto.

1. _____ las siete y media.

2. El teatro _____ abierto.

3. Los actores ya _____ allí.

4. Todos los actores _____ estudiantes.

5. Ellos _____ muy nerviosos.

6. El escenario _____ muy bonito.

7. Mucha gente _____ sentada en el teatro.

8. La obra _____ argentina.

9. _____ una obra muy original.

10. La interpretación _____ muy interesante.

11. Los papeles _____ difíciles.

12. El público _____ muy entusiasmado.

Go Online WEB CODE jed-0207
PHSchool.com

Preguntas y respuestas

Un amigo te pregunta algunas cosas acerca del conjunto "Los abuelos". Completa las preguntas con el pretérito o el imperfecto de los verbos indicados. Luego responde las preguntas utilizando el mismo verbo en pretérito o imperfecto, según el contexto.

Modelo conocer

    —¿Tú _____*conocías*_____ al cantante de "Los abuelos"?

    —No. *Lo conocí ayer después del concierto.* _____

1. saber

    —¿Tú _____ que el conjunto tocaba merengue?

    —No. _____

2. querer

    —¿Tu hermana _____ ver ese espectáculo?

    —Sí. _____

3. poder

    —¿Ellos _____ comprar las entradas ayer?

    —Sí. _____

4. no querer

    —¿Ustedes dijeron que _____ comprar el disco de "Los abuelos"?

    —No. _____

5. conocer

    —¿Tú _____ a Marta en el concierto?

    —No. Ya _____

6. poder

    —¿Marta _____ aprenderse la letra de las canciones antes del concierto?

    —No. _____

Hablando de una artista

Laura y Paco hablan de la señora Piñedo, una artista que conocen. Completa su conversación con el pretérito o imperfecto de los verbos entre paréntesis.

LAURA: Ayer **(1.)** _____ (conocer/saber) a la señora Piñedo.

PACO: Entonces ¿tú no la **(2.)** _____ (ser/conocer)?

LAURA: No. Nunca **(3.)** _____ (poder/estar) ir a verla en su taller.

PACO: ¿Tú ya **(4.)** _____ (saber/querer) cómo llegar?

LAURA: Sí. **(5.)** _____ (ser/estar) fácil llegar al taller.

PACO: ¿Cómo **(6.)** _____ (ser/estar) la señora Piñedo?

LAURA: Muy bien. Y el taller **(7.)** _____ (ser/estar) muy grande. Las paredes

(8.) _____ (ser/estar) pintadas.

PACO: ¿Viste sus cuadros?

LAURA: Sí. **(9.)** _____ (poder/conocer) ver muchos cuadros de la señora Piñedo.

PACO: Al principio, la señora Piñedo **(10.)** _____ (ser/estar) una artista

realista, y después su arte se volvió abstracto. Ella ya no

(11.) _____ (conocer/querer) pintar más cuadros realistas.

LAURA: Bueno, los cuadros que yo vi **(12.)** _____ (ser/estar) muy abstractos. Yo

no **(13.)** _____ (poder/conocer) los cuadros realistas de ella.

PACO: Antes ella hacía esculturas también. ¿ **(14.)** _____ (poder/saber) verlas?

LAURA: **(15.)** _____ (Querer/Conocer) verlas, pero no

(16.) _____ (saber/poder). Creo que las esculturas

(17.) _____ (ser/estar) en otro taller.

PACO: Yo estudio pintura con la señora Piñedo. Antes de estudiar con ella, yo no

(18.) _____ (ser/estar) tan buen pintor. Ahora pinto mejor.

LAURA: Siempre **(19.)** _____ (querer/saber) estudiar con la señora Piñedo.

Podemos estudiar juntos.

PACO: ¡Excelente idea!

Go Online
WEB CODE
jed-0210
PHSchool.com

Realidades ❸

Capítulo 2

Nombre _____

Hora _____

Fecha _____

Practice Workbook **2-13**

Organizer

I. Vocabulary

Formas y géneros de arte

_____

_____

_____

_____

_____

Para describir una obra de arte

_____

_____

_____

_____

_____

En el escenario

_____

_____

_____

_____

_____

Para hablar sobre la música y la danza

_____

_____

_____

_____

_____

Para hablar sobre la actuación

_____

_____

_____

_____

_____

Profesiones artísticas y materiales de arte

_____

_____

_____

_____

_____

Organizer

II. Grammar

1. List two uses of the preterite and two uses of the imperfect.

    _____

    _____

    _____

    _____

2. How is *estar* + past participle used?

    _____

3. Write the past participle of the following verbs:

    abrir _____   **hacer** _____

    decir _____   **escribir** _____

    volver _____   **romper** _____

4. List two uses of *ser* and two uses of *estar*.

    _____

    _____

    _____

    _____

5. What meanings do these verbs have in the different tenses?

	IMPERFECT	PRETERITE
saber	_____	_____
conocer	_____	_____
querer	_____	_____
no querer	_____	_____
poder	_____	_____

Go **O**nline   WEB CODE jed-0211
PHSchool.com

A ver si recuerdas . . .

Los enfermos

Cuenta lo que les pasó hoy a estas personas que no se sienten bien. Contesta las preguntas usando los dibujos. Usa el pretérito y un pronombre de complemento indirecto.

Modelo

A María le dolía el tobillo. ¿Qué hizo la médica?
La médica le examinó el tobillo.

1. Marisol estaba enferma. ¿Qué hizo la enfermera?

_____

2. Pablo necesitaba una medicina. ¿Qué hizo el médico?

_____

3. A Uds. les dolía la garganta. ¿Qué recomendó la médica?

_____

4. Los niños se sentían mal. ¿Qué preparó su mamá?

_____

5. Andrés quería sentirse bien. ¿Qué le dijo el médico?

_____

6. Manuel se rompió el brazo. ¿Qué hicieron los enfermeros?

_____

7. Roberto y tú siempre estaban cansados. ¿Qué recomendó el

médico? _____

Go Online WEB CODE jed-0301
PHSchool.com

Realidades 3

Nombre _____

Hora _____

Capítulo 3

Fecha _____

Practice Workbook **3-2**

A ver si recuerdas . . .

¡Qué rica comida!

¿Qué les gusta y qué no les gusta a estas personas? Completa cada pregunta y escribe las dos formas posibles de la respuesta, usando el gerundio y un pronombre de complemento directo.

Modelo

— ¿Juan come ____el pastel____?

— *No, no está comiéndolo.* (o) *No, no lo está comiendo.*

1.

—¿Isabel prueba _____?

—_____. (o) _____.

2.

—¿Pepe y Anita compran _____?

—_____. (o) _____.

3.

—¿La señora Salas sirve _____?

—_____. (o) _____.

4.

—¿Matilde come _____?

—_____. (o) _____.

5.

—¿Ernesto prepara _____?

—_____. (o) _____.

6.

—¿Antonia y Rebeca comen _____?

—_____. (o) _____.

7.

—¿El señor Tamayo prueba _____?

—_____. (o) _____.

Go Online WEB CODE jed-0301
PHSchool.com

Realidades 3

Capítulo 3

Nombre _____

Fecha _____

Hora _____

Practice Workbook **3-3**

La clínica del doctor Ramírez

Guillermo no se siente bien y va al médico. Completa la conversación con las palabras que faltan.

MÉDICO: ¿Qué tienes, Guillermo? ¿Qué te duele?

GUILLERMO: No estoy seguro. Me siento mal. Creo que tengo fiebre.

MÉDICO: Voy a tomarte la temperatura.

GUILLERMO: ¿Tengo fiebre, doctor?

MÉDICO: Sí. Tienes una fiebre de 39 **(1.)** _____.

GUILLERMO: No sé, doctor. No oigo bien. Me duelen **(2.)** _____.

MÉDICO: ¿Y la garganta y el pecho también? Oigo que tienes una

                      (3.) _____ muy fuerte.

GUILLERMO: También me molesta la nariz. Yo **(4.)** _____ mucho. ¿Puede

                      ser una alergia? ¿Estoy resfriado?

MÉDICO: Creo que tienes **(5.)** _____. Te voy a recetar un

                      (6.) _____. Tómalo con la comida. No lo tomes con el

                      estómago vacío. Y si te duele la cabeza, toma unas **(7.)** _____.

GUILLERMO: ¿Puedo comer, doctor?

MÉDICO: Claro, Guillermo, pero evita la **(8.)** _____, como las papas

                      fritas y las hamburguesas. Debes seguir una **(9.)** _____

                      equilibrada, como siempre.

Realidades 3

Capítulo 3

Nombre _____

Fecha _____

Hora _____

Practice Workbook **3-4**

Consejos para los atletas

El entrenador les explica a los atletas lo que deben hacer para mantenerse en forma. Completa el párrafo.

Bueno, mis queridos atletas, les voy a dar algunos consejos para que se mantengan

(1.) __ a __ __ d __ __ __ __ __. Tener buenos **(2.)** __ á __ __ t __ __

__ __ __ m __ __ t __ __ __ __ __ es muy importante. Deben

comer muchas frutas y verduras. Por ejemplo, las espinacas contienen un alto

(3.) __ __ v __ l de **(4.)** __ __ __ r r __. La leche tiene **(5.)** __ __ l c __ __,

que ayuda a poner los huesos fuertes. Pero tengan cuidado con los

(6.) __ __ __ b __ h __ __ r __ __ __ __. Éstos dan **(7.)** __ __ __ r g __ __,

pero no se deben comer demasiados. Los huevos tienen muchas

(8.) __ r __ t __ __ __ __ __, pero tampoco hay que comer demasiados.

Recuerden no saltarse comidas, pero también deben evitar comer mucho en las

(9.) __ __ r __ __ n __ __ __. Coman cuando tengan hambre,

pero cuando se sientan **(10.)** __ __ e n __ __, dejen de comer. Es muy importante

también **(11.)** t __ __ __ r mucha agua siempre y, sobre todo, cuando

hace mucho calor.

Go Online WEB CODE jed-0302
PHSchool.com

Realidades 3

Capítulo 3

Nombre _____

Fecha _____

Hora _____

Practice Workbook **3-5**

Ideas para tus amigos

Tus amigos quieren vivir mejor y tú les das consejos sobre su alimentación y lo que deben hacer todos los días. Escríbeles consejos con mandatos afirmativos con *tú*, usando los verbos del recuadro.

levantarse	hacer	evitar	cepillarse
tomar	comer	beber	correr

Modelo   *Come mucha fruta.* _____

1. _____

2. _____

3. _____

4. _____

5. _____

6. _____

7. _____

Buenos consejos

Tu amigo Fernando te pregunta lo que no debe hacer para estar bien de salud y tener éxito en la escuela. Primero escoge el verbo correcto para cada uno de sus comentarios. Luego contesta sus preguntas usando mandatos negativos con *tú*. La primera respuesta ya está escrita.

FERNANDO: Creo que no tengo buenos hábitos alimenticios. Por ejemplo,

(*como* / *estornudo* / *hago*) muchos dulces.

TÚ: **(1.)** *Pues entonces, no comas muchos dulces.*

FERNANDO: Además, generalmente tengo sed durante el día. Siempre me

(*olvido* / *como* / *duermo*) de beber agua.

TÚ: **(2.)** _____

FERNANDO: Nunca traigo mi almuerzo. Siempre (*baño* / *corto* / *compro*) comida basura.

TÚ: **(3.)** _____

FERNANDO: También me (*bebo* / *salto* / *descanso*) comidas durante el día. Por ejemplo, no

tomo el desayuno.

TÚ: **(4.)** _____

FERNANDO: Sí, pero no es fácil. Es que me (*hago* / *pruebo* / *pongo*) nervioso en la escuela.

TÚ: **(5.)** _____

FERNANDO: Quisiera ser más fuerte. Pero siempre (*examino* / *evito* / *duermo*) hacer ejercicio.

TÚ: **(6.)** _____

FERNANDO: No es fácil. (*Soy* / *Corro* / *Paseo*) muy perezoso.

TÚ: **(7.)** _____

FERNANDO: Cuando llego a la casa, no estudio. (*Cierro* / *Navego* / *Miro*) la televisión.

TÚ: **(8.)** _____

FERNANDO: Además, me gusta (*jugar* / *evitar* / *pensar*) videojuegos.

TÚ: **(9.)** _____

FERNANDO: Trataré de seguir tus consejos. Gracias.

Realidades **3**

Capítulo 3

Nombre _____

Fecha _____

Hora _____

Practice Workbook **3-7**

El Dr. Peña dice . . .

El Dr. Peña está en el hospital. Cuando visita a sus pacientes, les dice lo que deben y no deben hacer. Algunos(as) pacientes reciben instrucciones especiales. Escribe lo que les dice el Dr. Peña, usando mandatos con *Ud.* y *Uds.*

Modelo (todas) escuchar bien / al médico
Escúchenlo bien.

1. (todos) tomarse / la temperatura

   _____

2. (Sra. Laínez) no tomar / hierro

   _____

3. (todos) hacer / esta dieta

   _____

4. (Sra. Gómez) comer / verduras

   _____

5. (todas) dormirse / temprano

   _____

6. (Sr. Pérez y Srta. Pardo) seguir / mis consejos

   _____

7. (todas) no saltar / el desayuno

   _____

8. (todos) hacer / ejercicio

   _____

9. (Sra. Ruiz) evitar / tomar el sol

   _____

10. (Sra. Paz) no poner / las vitaminas en la basura

    _____

Nombre _____ Hora _____

Fecha _____

Gente en forma

Mira los dibujos y escribe una frase para describir cada uno.

Modelo

Manuel

Manuel flexiona la rodilla.

1.

Sonia

_____

2.

Ramiro

_____

3.

Luz y Clarita

_____

4.

Marcos

_____

5.

Marta y Nola

_____

6.

Berta

_____

7.

Nicolás

_____

Aconsejando a una amiga

Laura y Mirna están hablando de los problemas que tiene Laura. Lee la conversación y completa las frases con palabras o expresiones que signifiquen lo mismo que las expresiones entre paréntesis.

MIRNA: Laura, te ves muy cansada.

LAURA: Sí, es que anoche no dormí bien. Y ahora **(1.)** _____

(*tengo muchas ganas de dormir*).

MIRNA: Vamos, no te **(2.)** _____ (*decir lo que te molesta*).

LAURA: ¡Es en serio! Y siempre estoy en la luna. Trato de leer pero no puedo

(3.) _____ (*pensar en lo que quiero*).

MIRNA: ¿Y qué otros problemas tienes?

LAURA: A ver . . . también estoy muy **(4.)** _____ (*nerviosa*). En general, me

siento **(5.)** _____ (*muy mal*).

MIRNA: Bueno, tal vez yo pueda **(6.)** _____ (*decir qué hacer*).

LAURA: Sí, tal vez. Tú eres una persona que siempre está

(7.) _____ (*contenta*). No sé cómo lo haces.

MIRNA: Bueno, dime . . . ¿por qué crees que te sientes así?

LAURA: Creo que en el trabajo me **(8.)** _____ (*piden*) mucho. Hay

demasiado que hacer.

MIRNA: ¿Por qué no intentas **(9.)** _____ (*estar tranquila*) un poco?

LAURA: Es que no sé cómo hacerlo. La verdad, ya no **(10.)** _____ (*puedo*) más.

MIRNA: Pues te recomiendo que hagas yoga. Cuando yo hice yoga, aprendí a

(11.) _____ (*tomar aire*) mejor. Eso me ayuda a sentirme

bien siempre.

LAURA: ¿Sabes qué? No es mala idea. Esta noche me inscribo en una clase de yoga.

Realidades 3

Capítulo 3

Nombre _____

Fecha _____

Hora _____

Practice Workbook **3-10**

Instructora de ejercicio

María es instructora en un club deportivo. Ahora le enseña a un grupo nuevo lo que tiene que hacer en el programa de ejercicios. Mira los dibujos y completa sus instrucciones. Hay un verbo del recuadro que se usa varias veces.

hacer	buscar	estirar	flexionar	descansar

Modelo   Sugiero que Uds. _hagan ejercicios aeróbicos_ para empezar.

1. Primero, _____ un buen lugar para hacer ejercicio.

2. Quiero que Juan _____ la pierna.

3. Después, recomiendo que todos nosotros _____.

4. Es bueno que todo el mundo _____ también.

5. Marta, te aconsejo que _____ los músculos.

6. Aconsejo que los más fuertes _____.

7. Después de hacer ejercicio, exijo que Uds. _____.

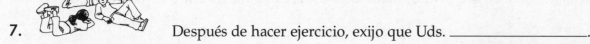

Go Online   WEB CODE jed-0307   PHSchool.com

Ser consejero(a)

¿Puedes ayudar a los estudiantes que tienen problemas? Escoge entre las soluciones propuestas y da tu consejo, usando el subjuntivo.

evitar la comida basura	estar menos estresado(a)
ir al cine con amigos(as)	ser más paciente con los (las) amigos(as)
hacer ejercicio	saber escoger bien los alimentos
hacer clases de ejercicios aeróbicos	comenzar con ejercicios para entrar en calor
dar un paseo	

Modelo   Martín quiere perder peso. ¿Qué recomiendas?

Recomiendo que evite la comida basura.

1. Rosaura se enoja con todo el mundo. ¿Qué es necesario que haga?

   _____

2. Carla y Paula quieren ser más fuertes. ¿Qué sugieres?

   _____

3. No quiero tener calambres cuando corro. ¿Qué es importante que haga?

   _____

4. Nosotros no tenemos energía. ¿Qué es necesario que hagamos?

   _____

5. Estoy siempre muy nerviosa. ¿Qué recomiendas?

   _____

6. Pedro está muy aburrido. ¿Qué aconsejas?

   _____

7. Los estudiantes necesitan estar en forma. ¿Qué es necesario?

   _____

8. Los chicos quieren relajarse. ¿Qué es bueno?

   _____

Realidades **3**

Capítulo 3

Nombre _____

Fecha _____

Hora _____

Practice Workbook **3-12**

Los padres y los hijos

Los padres y los hijos no siempre están de acuerdo. A veces los hijos hacen algo, y sus padres quieren que hagan otra cosa. Primero completa la frase del hijo con el verbo adecuado del recuadro. Luego en base a los elementos dados, escribe lo que quieren sus padres, usando el subjuntivo.

tomar	correr	jugar	levantarse	beber	hacer

Modelo

JUAN: Yo _____*corro*_____ en el gimnasio.

MADRE DE JUAN: *Quiero que Juan corra en el parque.*

1. MELISSA: Yo _____ ejercicios aeróbicos.

PADRE DE MELISSA: _____

2. ROBERTO: Yo _____ jugo de naranja.

PADRE DE ROBERTO: _____

3. CRISTINA: Yo _____ vitaminas.

PADRE DE CRISTINA: _____

4. MARISOL: Yo _____ al fútbol.

MADRE DE MARISOL: _____

5. GABRIEL: Yo _____ tarde en la mañana.

PADRE DE GABRIEL: _____

Realidades 3

Capítulo 3

Nombre _____

Fecha _____

Hora _____

Practice Workbook **3-13**

Organizer

I. Vocabulary

Tipos de ejercicio

_____

_____

_____

_____

Estados de ánimo

_____

_____

_____

_____

Elementos de la comida

_____

_____

_____

_____

Aspectos de la nutrición

_____

_____

_____

_____

Síntomas y medicinas

_____

_____

_____

_____

Actividades relacionadas con la salud

_____

_____

_____

_____

Realidades 3

Capítulo 3

Nombre _____

Fecha _____

Hora _____

Practice Workbook **3-14**

II. Grammar

1. What is the form of the affirmative *tú* commands with regular verbs?

   _____

2. How do you form negative *tú* commands with regular verbs?

   _____

3. What are the irregular affirmative *tú* command forms of these verbs?

   decir _____   hacer _____

   poner _____   ser _____

   tener _____   salir _____

   ir _____   mantener _____

4. How do you form *Ud.* and *Uds.* commands?

   _____

5. Summarize the position of object pronouns with command forms.

   _____

   _____

6. Provide the subjunctive forms of these verbs.

   tomar   **poder**

   _____ _____   _____ _____

   _____ _____   _____ _____

   _____ _____   _____ _____

   pedir   **ir**

   _____ _____   _____ _____

   _____ _____   _____ _____

   _____ _____   _____ _____

Go Online WEB CODE jed-0311
PHSchool.com

Realidades 3

Capítulo 4

Nombre _____

Fecha _____

Hora _____

Practice Workbook **4-1**

A ver si recuerdas . . .

¿Cómo se relaciona la gente con los demás?

Irene habla de las relaciones que tienen sus amigos y su familia. Escribe lo que dice con frases completas, usando los verbos refléxivos sugeridos.

Modelo Leti y yo / llevarse / muy bien

Leti y yo nos llevamos muy bien.

1. Patricia y Plácido / verse / durante los fines de semana

_____

2. mis amigos y yo / hablarse / todos los días por la noche

_____

3. Carlitos y mi primo / pelearse / cuando juegan al fútbol

_____

4. tú y yo / escribirse / por correo electrónico

_____

5. mis padres y nosotros / entenderse / muy bien

_____

6. Mari Carmen y yo / llamarse / por la tarde

_____

7. Felipe y Luisa / conocerse / desde hace tres años

_____

8. mi mamá y mi hermanito / abrazarse / a menudo

_____

9. Juan, Elena y Gregorio / reunirse /durante los días festivos

_____

10. Marta y su esposo / quedarse / en casa

_____

A ver si recuerdas . . .

Los niños y los jóvenes

¿Qué les pasa a estas personas? Mira los dibujos y completa las frases para saber lo que sucede.

Modelo   Manolo _____*se enojó*_____ con Rafael.

1.   Angélica _____ cuando María le

_____.

2.   Raquel _____ mucho cuando vio el programa
de televisión.

3.   Martín _____ nervioso cuando su amigo

_____ tarde.

4.   Perla y Victoria _____ en el centro.

5.   Margarita y Francisca _____ porque estaban
aburridas.

6.   Anita y Enrique _____ por los juguetes.

7.   Nicolás se puso _____ porque Lorenzo era muy

_____ y no quería hacer nada.

8.   Bertín _____ loco cuando su equipo perdió
el partido.

Realidades 3

Capítulo 4

Nombre _____

Fecha _____

Hora _____

Practice Workbook **4-3**

¿Cómo son los amigos?

A Pedro y Jimena les encanta hablar de los amigos. Lee el diálogo y complétalo con las palabras adecuadas. Luego responde las preguntas.

PEDRO: Jimena, ¿conoces a Sarita Fernández?

JIMENA: Claro. Es una chica muy sincera y **(1.)** _____. Siempre dice la verdad.

PEDRO: Ella trata de no lastimar los sentimientos de sus amigos. Es muy simpática.

Para mí es la persona más **(2.)** _____ que conozco.

JIMENA: Si, además es muy **(3.)** _____. Siempre que nos vemos me da un

gran abrazo.

PEDRO: Es cierto. Sin embargo, siempre se anda mirando en el espejo.

JIMENA: Sí, es bastante **(4.)** _____.

PEDRO: Ella es la novia de Lorenzo, ¿no?

JIMENA: Sí. Pero a mí no me gusta él.

PEDRO: ¿Por qué? Él siempre me escucha y me aconseja. Entiende mis problemas y es muy

(5.) _____. Me ayuda y me **(6.)** _____ en los momentos difíciles.

JIMENA: Pues a mí me parece que sólo piensa en sí mismo. Es **(7.)** _____.

PEDRO: No te creo. Lo único malo que tiene Lorenzo es que le gusta saber lo que hacen

y dicen los demás. Es un poco **(8.)** _____.

JIMENA: ¿Un poco? ¡Yo diría que mucho! Y luego le cuenta todo a su hermana.

PEDRO: Ella sí que es **(9.)** _____. Le encanta hablar de los demás.

JIMENA: Menos mal que nosotros no somos así.

PEDRO: Sí. Menos mal.

10. ¿Cuáles son dos cualidades buenas de Sarita Fernández?

_____

11. ¿Cuáles son dos cualidades malas de Lorenzo?

_____

Amigos íntimos

Fernando habla sobre cómo debe ser un buen amigo. Completa lo que dice con las palabras que faltan. Pon las letras de las palabras en orden.

caetap	lagero	oayop	clddsuaiae
iadmast	raudarg	ratnoc	númco

1. Para mí, es muy importante tener buenos amigos. La _____ es muy

   importante.

2. Es necesario que un amigo sepa _____ un secreto.

3. Si tu amigo les cuenta tus secretos a otros, tú no puedes _____ con él.

4. Es bueno si los amigos tienen interés en las mismas cosas. Los buenos amigos

   siempre tienen mucho en _____.

5. Un buen amigo no trata de cambiarte. Te _____ tal como eres.

6. Yo también soy un buen amigo. Cuando mis amigos tienen momentos felices, yo

   me _____ por ellos.

7. Y también los _____ en los momentos tristes.

8. Un buen amigo debe ser honesto, comprensivo y considerado. Son las

   _____ más importantes, en mi opinión.

WEB CODE
jed-0402

Realidades

Capítulo 4

Nombre _____

Fecha _____

Hora _____

Practice Workbook **4-5**

¿Cómo deben ser los amigos?

Los estudiantes expresan sus ideas sobre los amigos y la amistad. Escribe lo que dicen, formando frases con los elementos dados.

 alegrarse   temer   sorprenderse   preocuparse   sentir

Modelo

Los amigos *(pasar / apoyar)* mucho tiempo juntos.
Me alegro que los amigos pasen mucho tiempo juntos.

1. Tú *(tener / saludarse)* muchos amigos aquí.

_____

2. Uds. no *(temer / pasar)* mucho tiempo con Pablo.

_____

3. Carla no *(saber / alegrarse)* guardar secretos.

_____

4. Esos jóvenes no *(confiar / tener)* mucho en común.

_____

5. Paula no *(guardar / apoyar)* a Marcos.

_____

6. Siempre *(poder / temer)* contar con Susana.

_____

7. Raúl *(desconfiar / esperar)* de sus amigos.

_____

Realidades ③

Capítulo 4

Nombre _____

Fecha _____

Hora _____

Practice Workbook **4-6**

Conversaciones entre amigas

Julia y Daniel tienen problemas en su relación. Completa estas conversaciones con *por* o *para* para saber lo que pasa.

LAURA: Elena, te llamé **(1.)** _____ pedirte un consejo. Estoy muy preocupada

(2.) _____ Julia y Daniel. ¿Tienes tiempo ahora **(3.)** _____ hablar?

ELENA: **(4.)** _____ supuesto que sí, Laura. Dime lo que pasa.

LAURA: No lo vas a creer, pero ellos se pelearon **(5.)** _____ algo. Ayer yo caminaba

(6.) _____ el parque **(7.)** _____ volver a casa y los vi. Estuvieron discutiendo

(8.) _____ mucho tiempo.

ELENA: ¿No oíste lo que decían?

LAURA: No me acerqué. No quise ser entrometida.

ELENA: Julia es mi amiga. Hoy **(9.)** _____ la noche voy a llamarla **(10.)** _____

teléfono.

Elena llama a Julia.

ELENA: ¿Julia? Te habla Elena. Llamé **(11.)** _____ ver cómo estabas.

JULIA: Hola, Elena. Pues, no muy bien. Daniel y yo no nos vamos a ver más.

ELENA: ¿Cómo? Julia, ¡lo siento! ¿Qué pasó?

JULIA: En los últimos meses, Daniel cambió mucho. Antes era muy comprensivo y

cariñoso. Yo podía contar con él **(12.)** _____ todo, pero ahora es muy egoísta.

(13.) _____ ejemplo, nunca me ayuda cuando lo necesito.

ELENA: ¿**(14.)** _____ qué crees que cambió tanto?

JULIA: No tengo idea, pero sé que no puedo seguir así.

ELENA: Entonces, es mejor no verlo más.

JULIA: Sé que tienes razón, pero **(15.)** _____ mí es muy difícil.

Go Online
WEB CODE
jed-0404
PHSchool.com

En familia

La señora Almudena dice lo que piensa de todo lo que pasa en su familia. Primero completa la pregunta con *por* o *para.* Luego escribe la respuesta, usando los elementos sugeridos para formar frases. Usa el subjuntivo o el indicativo, según el caso.

 alegrarse temer sorprenderse preocuparse sentir

 Modelo

¿Ellos van a discutir ___*por*___ ese programa de televisión?

Temo que ellos discutan por ese programa de televisión.

 1. ¿Ya salieron los niños _____ la escuela?

_____

 2. ¿Andrés pasea _____ el parque todas las noches?

_____

 3. ¿Jorge y Ana fueron _____ la playa?

_____

4. ¿Luis no se preocupa _____ los demás?

_____

  5. ¿Tu hermana y tú se hablan _____ teléfono?

_____

 6. ¿Ustedes no terminarán el trabajo _____ el martes?

_____

Realidades ③

Capítulo 4

Nombre _____

Fecha _____

Hora _____

Practice Workbook **4-8**

Conversación

A. Completa la conversación con los elementos apropiados del recuadro. Pon las letras de las palabras en orden.

ncoliosfct	iafeendircs de iopónni	lendnmadotei
roponde	imecitacrr	epsain ne ís simmo
et cciorenlsiate	ghaan als cpaes	abloraco

ELENA: ¿Por fin **(1.)** _____ con tu hermano?

TOMÁS: No. Yo no **(2.)** _____ a Federico por **(3.)** _____ delante de mis papás.

ELENA: Tu hermano tiene buenas cualidades. Puede ser un **(4.)** _____ entre Uds.

TOMÁS: Sí, Federico es simpático y cortés pero también es egoísta y nunca

(5.) _____ con nadie. Sólo **(6.)** _____.

Por eso ocurren **(7.)** _____ en mi familia.

ELENA: Entre hermanos siempre hay **(8.)** _____. Ojalá que

(9.) _____ pronto.

B. Completa las frases de una manera lógica.

Modelo   Cuando dos personas deciden hacer lo mismo, se ponen _____ *de acuerdo* _____.

1. Cuando un amigo te ignora, no _____.

2. Si algo malo ocurre pero tú no hiciste nada, no _____.

3. Si estudias más, tus notas van a _____.

4. Una persona que está equivocada no _____.

5. Si no entiendes por qué tu amigo se portó mal, pídele una _____.

6. Cuando tengo una _____ con un amigo le grito y luego me voy.

Go Online WEB CODE jed-0406
PHSchool.com

Realidades 3

Capítulo 4

Nombre _____   Hora _____

Fecha _____   **Practice Workbook 4-9**

La encuesta

Te están haciendo una encuesta sobre la amistad. Escribe respuestas a las preguntas, cambiando las palabras subrayadas por palabras del vocabulario.

Modelo	¿Tú y tus amigos se ayudan?

Sí, mis amigos y yo colaboramos. _____

1. ¿Tus amigos no te hacen caso?

   No, _____

2. ¿Tú y tus amigos a veces no piensan lo mismo?

   Sí, _____

3. ¿Tu mejor amigo tiene una buena manera de actuar?

   Sí, _____

4. ¿Tu mejor amigo a veces dice que haces algo mal?

   No, _____

5. Cuando se pelean, ¿tus amigos te dicen "Lo siento"?

   Sí, _____

6. Después de pelearse, ¿tú y tus amigos hacen las paces?

   Sí, _____

7. Cuando están equivocados, ¿tus amigos lo aceptan?

   Sí, _____

8. ¿Tus amigos son egoístas?

   No, _____

Situaciones

Sugiere una solución para cada una de estas situaciones. Escoge el verbo o expresión más apropiado del recuadro y responde con un mandato con *nosotros*.

refugiarse allí	ponerse de acuerdo	hacer las paces	guardar su secreto
pedirle el dinero	no mentirle	no desconfiar de él	buscarlo

Modelo Necesito hacer ejercicio. (salir a correr)

Salgamos a correr. _____

1. Alicia me dijo que no sale más con Felipe Ramírez y que no quiere que nadie lo sepa.

   _____

2. Alfredo quiere que tengamos confianza en lo que dice.

   _____

3. Yo creo que papá nos dará los mil pesos que necesitamos.

   _____

4. No quiero que tú y yo sigamos enojados.

   _____

5. Cada uno quiere hacer otra cosa. Tenemos que decidirnos.

   _____

6. Creo que nuestro gato se perdió.

   _____

7. Empieza a caer granizo.

   _____

8. El profesor exige que le digamos la verdad.

   _____

¿Qué sucede con los míos?

Mira los dibujos y describe lo que ves en dos frases completas. La segunda frase debe tener un pronombre posesivo.

estar enojados

Los padres de Lorenzo
están enojados.
Los míos no están enojados.

Modelo

Los padres de   mis padres
Lorenzo

ser celoso

_____
_____
_____

1.   el novio de Luisa   tu novio

ser chismosas

_____
_____
_____

las amigas de   nuestras amigas
Francisca
2.

ser cariñosa

_____
_____
_____

3.   la tía de Pablo   su tía (de ustedes)

tener la culpa

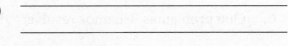
_____
_____

4.   el hijo de los Valdez   el hijo de usted

ser buena

_____
_____

la explicación de   la explicación de
tu profesora   mi profesora
5.

Realidades ❸

Capítulo 4

Nombre _____

Fecha _____

Hora _____

Practice Workbook **4-12**

¿Cuál debemos escoger?

¡Tu amigo no puede decidirse! Te hace varias preguntas sobre algunas personas para que tú le digas qué hacer. Responde las preguntas de tu amigo, rechazando la primera posibilidad y aceptando la segunda. Usa mandatos con *nosotros* y pronombres posesivos.

Modelo   ¿A quién le debemos pedir perdón? ¿A tu amigo o al amigo de Carlos?
    No le pidamos perdón al mío. Pidámosle perdón al suyo.

1. ¿A quién debemos escoger? ¿A nuestro capitán o al capitán del otro equipo?

   _____

2. ¿A quién debemos criticar? ¿A los profesores de Paula o a nuestros profesores?

   _____

3. ¿A quiénes les debemos hacer caso? ¿A los padres de nuestros amigos o a mis padres?

   _____

4. ¿A quién debemos apoyar? ¿A nuestra entrenadora o a la entrenadora de ellos?

   _____

5. ¿Con quiénes debemos contar? ¿Con tus amigas o con las amigas de Silvia?

   _____

6. ¿Qué problemas debemos resolver? ¿Mis problemas o los problemas de ustedes?

   _____

7. ¿Qué secretos debemos guardar? ¿Los secretos de Daniela o tus secretos?

   _____

8. ¿Cuál debemos empezar? ¿La tarea mía o la tarea de mis hermanos?

   _____

Realidades **3**

Capítulo 4

Nombre _____

Fecha _____

Hora _____

Practice Workbook **4-13**

Organizer

I. Vocabulary

Cualidades (adjetivos)

_____

_____

_____

_____

_____

Sustantivos que describen relaciones humanas

_____

_____

_____

_____

_____

Verbos que expresan conflictos

_____

_____

_____

_____

_____

Verbos que expresan emociones y sentimientos

_____

_____

_____

_____

_____

Expresiones que describen relaciones humanas

_____   _____

_____   _____

_____   _____

_____   _____

Realidades 3

Capítulo 4

Nombre _____

Fecha _____

Hora _____

Practice Workbook **4-14**

II. Grammar

1. List six expressions of emotion that are followed by the subjunctive.

   _____   _____

   _____   _____

   _____   _____

2. What does the preposition *por* indicate?

   _____

   _____

3. What does the preposition *para* indicate?

   _____

   _____

4. List two expressions with the preposition *por*.

   _____   _____

5. How do you form *nosotros* commands?

   _____

   _____

6. List the possessive pronouns corresponding to each of the subject pronouns.

	masculine sing.	feminine sing.	masculine plural	feminine plural
yo				
tú				
él, ella, Ud.				
nosotros(as)				
vosotros(as)				
ellos, ellas, Uds.				

Go Online WEB CODE jed-0411 PHSchool.com

A ver si recuerdas . . .

¿En qué están trabajando?

Un amigo te pregunta quiénes están haciendo varios trabajos. Responde sus preguntas con frases completas.

Modelo   ¿Quién enseña una clase?

      La profesora está enseñando una clase. _____

1. ¿Quién saca fotos?

    _____

2. ¿Quién apaga el incendio?

    _____

3. ¿Quién investiga el crimen?

    _____

4. ¿Quién sirve comida en el restaurante?

    _____

5. ¿Quién te ayuda a planear un viaje?

    _____

6. ¿Quién le dice al atleta lo que tiene que hacer?

    _____

7. ¿Quién habla en el programa de radio?

    _____

8. ¿Quién te limpia los dientes?

    _____

A ver si recuerdas . . .

Hay mucho que hacer

A. Sara está diciéndoles a sus hermanitos que hagan los quehaceres, pero ellos ya están haciéndolos. Escribe las respuestas de sus hermanitos usando los pronombres apropiados.

Modelo	José, recoge la basura del césped.

_____*Ya la estoy recogiendo.*_____ (o) _____*Ya estoy recogiéndola.*_____

1. José y María, laven el coche.

_____ (o) _____

2. María, limpia los baños.

_____ (o) _____

3. María y José, paseen al perro.

_____ (o) _____

4. José, pasa la aspiradora en la sala.

_____ (o) _____

B. Luis es director de cine y está haciendo una película sobre un terremoto. Usa los pronombres apropiados para escribir los mandatos que les da a los actores.

Modelo	Los detectives deben llevar a las víctimas al hospital.

Llévenlas al hospital.

1. Los ancianos deben llamar a la policía.

_____

2. Manuel y Antonia deben comenzar la explosión en el laboratorio.

_____

3. Los médicos no deben abrir el consultorio.

_____

4. Los voluntarios no deben apagar el incendio.

_____

WEB CODE jed-0501
PHSchool.com

Nombre

Hora

Fecha

En la compañía

En esta compañía trabajan muchas personas. Contesta las preguntas en base a la ilustración. Escribe frases completas.

1. ¿Qué puesto tiene Margarita en la compañía?

_____

2. ¿Qué tiene José en la mano?

_____

3. ¿Quién es el (la) gerente?

_____

4. ¿Qué trabajo tiene Pedro?

_____

5. ¿Qué trabajo hace Carlos?

_____

6. ¿Quién crees que va a tener una entrevista de trabajo?

_____

¿Qué puedes hacer?

Lee estos anuncios clasificados. Luego escribe qué persona debe responder a cada anuncio y cómo debe ser esa persona.

Modelo   Se necesita empleado para trabajar con atletas en club deportivo. Tiene que ser amable y considerado.

           Se busca *entrenador agradable*.

1. Se necesita alguien que cuide niños. Debe trabajar desde las ocho hasta las once de la mañana.

   Se busca _____

2. Se solicita alguien que trabaje con niños en el campamento. Debe poder trabajar cuando se lo pidamos.

   Se busca _____

3. Club deportivo busca a alguien que cuide a la gente en la piscina. Debe trabajar desde las nueve de la mañana hasta las cinco de la tarde.

   Se busca _____

4. Compañía necesita alguien que entregue paquetes dentro de la oficina. Debe llegar al trabajo a tiempo, todos los días.

   Se busca _____

5. Se necesita alguien que conteste los teléfonos. Debe traer una carta de recomendación.

   Se busca _____

6. Se necesita alguien que prepare platos deliciosos. Debe saber mucho de alimentación.

   Se busca _____

Realidades 3

Capítulo 5

Nombre _____

Fecha _____

Hora _____

Practice Workbook **5-5**

Entrevista para un nuevo puesto

La Sra. Cádiz está entrevistando gente para unos puestos en su compañía. Escribe las respuestas usando el presente perfecto y los pronombres apropiados.

Modelo   ¿Reparó Ud. computadoras como las nuestras?
Muchas veces *las he reparado.*

1. ¿Se llevaron bien Ud. y su gerente?

   Siempre _____

2. ¿Repartió Ud. paquetes antes?

   Sí, _____

3. ¿Atendió Ud. a los clientes de su compañía?

   Muchas veces _____

4. ¿Tuvo Ud. beneficios en su trabajo?

   Siempre _____

5. ¿Solicitó Ud. empleo antes?

   Nunca _____

6. ¿Escribió Ud. anuncios clasificados?

   Muchas veces _____

7. ¿Fue Ud. mensajero antes?

   No, nunca _____

8. ¿Llenó Ud. la solicitud de empleo?

   Sí, ya _____

Realidades ③

Capítulo 5

Nombre _____

Hora _____

Fecha _____

Practice Workbook **5-6**

El nuevo puesto de Jorge

Ramiro y Antonio hablan de Jorge y su búsqueda de trabajo. Para saber lo que ha pasado, completa el diálogo usando el pluscuamperfecto del verbo que corresponda.

RAMIRO: No sabía que Jorge **(1.)** _____ (*conseguir / tener / atender*) trabajo.

ANTONIO: Bueno, sabías que él **(2.)** _____ (*querer / salir / ser*) cambiar de trabajo.

RAMIRO: Sí, él me **(3.)** _____ (*preguntar / decir / cumplir*) que no le

gustaba el trabajo que tenía. Pero yo no me di cuenta de que él ya

(4.) _____ (*querer / empezar / reparar*) a buscar otro puesto.

ANTONIO: Jorge **(5.)** _____ (*recibir / escribir / saber*) muchas cartas y

(6.) _____ (*repartir / leer / reparar*) muchos anuncios clasificados.

Él **(7.)** _____ (*solicitar / hacer / ir*) mucho para buscar trabajo.

RAMIRO: ¿Y no encontró nada?

ANTONIO: No, las compañías siempre le **(8.)** _____ (*dar / presentarse / estar*)

el puesto a otra persona. ¡Hay tanta gente que busca trabajo! Él y yo

(9.) _____ (*expresar / hablar / encargarse*) mucho del problema.

RAMIRO: Entonces, ¿qué hizo finalmente?

ANTONIO: Supo que alguien **(10.)** _____ (*dejar / hacer / saber*)

su trabajo en la biblioteca de la universidad y se presentó enseguida.

RAMIRO: Y se lo dieron a él. ¡Qué suerte!

WEB CODE
jed-0504
PHSchool.com

Realidades ❸

Capítulo 5

Nombre _____

Fecha _____

Hora _____

Practice Workbook **5-7**

En el mundo del trabajo

Escribe diálogos sobre lo que pasa en el trabajo. Usa el presente perfecto y el pluscuamperfecto para decir que las siguientes cosas ya se habían hecho cuando la gente llegó.

Modelo   Juan / encender las luces / la empleada

— *¿Juan ha encendido las luces?* _____

— *No, la empleada ya las había encendido.* _____

1. tú / abrir las cartas / la secretaria

_____

_____

2. Uds. /escribir el horario de hoy / el gerente

_____

_____

3. el dueño / atender a los clientes / la recepcionista

_____

_____

4. tú/ leer las cartas de recomendación / el jefe

_____

_____

5. el agente / poner el correo en la mesa / yo

_____

_____

6. el repartidor / traer el almuerzo / el secretario

_____

_____

7. ellos / terminar el informe / Juan

_____

_____

Realidades 3

Capítulo 5

Nombre _____

Fecha _____

Hora _____

Practice Workbook **5-8**

¿Adónde debo ir?

Sugiere a tu amigo(a) adónde debe ir para participar en la vida de su comunidad y para ayudar a los demás.

Modelo

—Quiero ayudar a las personas que no tienen hogar.

—*Debes ir al refugio para gente sin hogar.*

1. —Quiero ver los cuadros que han pintado mis vecinos.

_____

2. —Quiero ayudar a la gente como mis abuelos.

_____

3. —Quiero servirles comida a las personas pobres.

_____

4. —Quiero jugar con los niños que han tenido accidentes.

_____

5. —Quiero hacer un proyecto de arte y practicar deportes.

_____

Realidades 3

Capítulo 5

Nombre _____

Fecha _____

Hora _____

Practice Workbook **5-9**

Cosas que pasan en la comunidad

Unos estudiantes hablan de lo que está pasando en su comunidad. Vuelve a escribir las frases, cambiando la(s) palabra(s) subrayada(s) por otra(s) palabra(s).

Modelo   Quiero ayudar a <u>las personas que no tienen casa</u>.

Quiero ayudar a la gente sin hogar.

1. Nosotros <u>no queremos</u> que cierren el centro de la comunidad.

   _____

2. Ellos sí <u>quieren</u> que lo cierren.

   _____

3. Los maestros deben <u>enseñar</u> a los niños.

   _____

4. Estos jóvenes están tratando de <u>obtener dinero</u> para la campaña.

   _____

5. Creo que el centro recreativo va a ser bueno <u>para</u> la comunidad.

   _____

6. Yo no entiendo las <u>reglas</u> de inmigración.

   _____

7. <u>No puedo de ninguna manera</u> ir al hogar de ancianos hoy.

   _____

8. Quiero <u>dar</u> comida para el comedor de beneficencia.

   _____

9. <u>Me gustaría mucho</u> ayudar a la gente pobre.

   _____

Realidades 3

Capítulo 5

Nombre _____

Fecha _____

Hora _____

Practice Workbook **5-10**

En la comunidad

José, Reynaldo y Gabriela están hablando de las cosas que pasan en su comunidad. Lee lo que dicen y luego responde las preguntas. La primera respuesta ya está escrita.

JOSÉ: ¿Escucharon la noticia? Se construyó un nuevo centro recreativo. ¡Eso sí es bueno!

GABRIELA: Sí, porque los jóvenes necesitamos un lugar para divertirnos.

JOSÉ: ¿Sabían que también se abrió un comedor de beneficencia?

REYNALDO: Eso es excelente. Ayudará a la gente pobre.

GABRIELA: Hay tanta gente pobre. Es una lástima.

JOSÉ: Ahora pueden usar el centro de rehabilitación también.

REYNALDO: Sí. La comunidad cambió las leyes. Eso me alegra.

GABRIELA: Mi padre ayudó a que no cerraran el hogar de ancianos.

JOSÉ: ¿El hogar de ancianos no cerró? ¡Qué bueno!

GABRIELA: Lo bueno es que los ancianos se pueden quedar allí.

1. ¿Qué dice José sobre el nuevo centro recreativo?
   Él dice que es bueno que hayan construido un nuevo centro recreativo.

2. ¿Qué dice Reynaldo sobre el comedor de beneficencia?
   _____

3. ¿Qué dice Gabriela de la gente pobre?
   _____

4. ¿Qué dice Reynaldo de las leyes?
   _____

5. ¿Qué dice José del hogar de ancianos?
   _____

6. ¿Qué dice Gabriela de los ancianos?
   _____

Realidades 3

Capítulo 5

Nombre _____

Hora _____

Fecha _____

Practice Workbook **5-11**

¿Qué debo hacer?

Usa los dibujos para decirle a tu amigo(a) lo que debe hacer. Primero completa la pregunta con un adjetivo demostrativo. Luego escribe la respuesta con un pronombre demostrativo. Recuerda que el dibujo de la derecha es el que está más cerca de ti.

Modelo

—¿Debo hablar con __*este*__ enfermo?

—*No, con éste no. Con aquél.*

1. —¿Debo donar _____ faldas?

—_____

2. —¿Debo trabajar para _____ campaña política?

—_____

3. —¿Debo participar en _____ manifestación?

—_____

4. —¿Debo ir a _____ centro recreativo?

—_____

5. —¿Debo sembrar _____ árboles?

—_____

WEB CODE
jed-0509

Realidades ❸

Capítulo 5

Nombre _____

Hora _____

Fecha _____

Practice Workbook **5-12**

¿Te gusta lo que han hecho los jóvenes?

¿Qué opina la gente acerca de lo que hacen los jóvenes? Completa las frases, usando el presente perfecto del subjuntivo y los adjetivos demostrativos. Recuerda que el dibujo de la izquierda es el que está mas cerca de ti.

Modelo

ayudar / pobres

Estamos orgullosos *de que estos*

jóvenes hayan ayudado a los pobres.

1.

participar / campaña

Nos sorprende _____

_____

2.

(no) juntar / fondos

Es una lástima _____

_____

3.

sembrar / árboles

Nos alegra _____

_____

4.

donar / ropa

Estamos orgullosos _____

_____

5.

(no) proteger / medio ambiente

Es triste que _____

_____

6.

asistir / marcha

Es bueno _____

_____

Go Online WEB CODE jed-0510
PHSchool.com

Realidades

Capítulo 5

Nombre _____

Fecha _____

Hora _____

Practice Workbook **5-13**

Organizer

I. Vocabulary

Cualidades y características

_____

_____

_____

_____

_____

Lugares en la comunidad

_____

_____

_____

_____

_____

Palabras para la entrevista

_____

_____

_____

_____

Acciones

_____

_____

_____

_____

Palabras para el trabajo

_____

_____

_____

_____

La comunidad

_____

_____

_____

_____

Realidades ③

Capítulo 5

Nombre _____

Fecha _____

Hora _____

Practice Workbook **5-14**

Organizer

II. Grammar

1. How do you form the present perfect tense?

   _____

2. How do you form the pluperfect tense?

   _____

3. How do you form the present perfect subjunctive?

   _____

4. Conjugate the verb *cantar*   Conjugate the verb *escribir* in
   in the pluperfect.   the present perfect subjunctive.

   _____   _____   _____   _____

   _____   _____   _____   _____

   _____   _____   _____   _____

5. Fill in the chart with the demonstrative adjectives and pronouns. Write the masculine, feminine, singular, and plural forms for each.

	Close to you	Close to the person you are talking to	Far from both of you
Adjectives			
Pronouns			

6. Give the forms of the pronouns that refer to an idea, or something that has not been identified.

   _____

   _____

A ver si recuerdas . . .

¿Quién conoce a quién?

Tú y tus amigos conocen a personas importantes. Completa las frases para decir a quiénes conocen, y qué saben hacer esas personas.

repara coches	escribe poemas	baila muy bien
cura perritos	actúa muy bien	hace esculturas de piedra

Modelo Marta *conoce a un cantante que sabe cantar canciones.*

1. Pedro y Eugenia _____

   _____.

2. Beatriz _____

   _____.

3. Sandra y yo _____

   _____.

4. Yo _____

   _____.

5. Fernando _____

   _____.

6. Tú _____

   _____.

WEB CODE
jed-0601
PHSchool.com

Realidades 3

Capítulo 6

Nombre _____

Hora _____

Fecha _____

Practice Workbook **6-2**

A ver si recuerdas . . .

Dice que . . .

Un amigo te pide que le expliques lo que dicen algunos anuncios del periódico. Lee los siguientes anuncios y escribe una frase explicando lo que dice cada uno.

¿Animales enfermos?

Los veterinarios de "Cuidanimales" están aquí para cuidarlos.

Modelo   *En "Cuidanimales" se cuidan animales enfermos.*

¿Necesita disquetes?

En "Compucasa" los vendemos.

1. _____.

¿Televisor roto?

En "Electrolandia" lo arreglamos.

2. _____.

¿Quiere vender su computadora usada?

La compramos en "Tecnitienda".

3. _____.

¿El coche no anda?

En "Autotaller" lo reparamos.

4. _____.

¿Quiere un mural?

En "Artestudio" lo pintamos.

5. _____.

¿Quiere una casa?

"Fernández y Compañía" la construirá.

6. _____.

WEB CODE
jed-0601
PHSchool.com

Realidades 3

Capítulo 6

Nombre _____

Hora _____

Fecha _____

Practice Workbook **6-3**

¿A qué se dedican?

Mira los dibujos de las siguientes personas haciendo diferentes trabajos. Completa las frases con las palabras que faltan para describir el trabajo que hace cada una.

Modelo

¿A qué se dedica Ramiro?

Ramiro es programador. _____

1. ¿A qué se dedica Isabel? _____.

2. ¿A qué se dedica Marcelo? _____.

3. ¿A qué se dedica Federico? _____.

4. ¿A qué se dedica Pedro? _____.

5. ¿A qué se dedica Juana? _____.

6. ¿A qué se dedica Enrique? _____.

Realidades 3

Capítulo 6

Nombre _____

Fecha _____

Hora _____

Practice Workbook **6-4**

Hablemos del futuro

Tu maestra te habla de algunos jóvenes y sus intereses. Escribe lo que va a ser cada uno algún día.

Modelo Octavio hace unos platos riquísimos.
Octavio será cocinero.
_____

1. Matilde es bilingüe y le gusta traducir libros.

   _____

2. A Mateo le gusta dibujar edificios y casas.

   _____

3. Lidia quiere tener un puesto en una oficina en donde se encargará de otros empleados.

   _____

4. Sofía y Roberto estudian derecho. No les interesa ser jueces.

   _____

5. Ana se encarga del dinero de su familia y le encantan los números.

   _____

6. Gabriel y su esposa Felisa quieren desempeñar un cargo en el banco.

   _____

7. Laura quiere dedicarse a corregir el trabajo de otros escritores.

   _____

8. Andrés dice que nunca se va a casar.

   _____

¿Qué harán en el futuro?

¿Qué profesión correspondería a estos jóvenes? Escoge la situación más lógica del recuadro y completa las descripciones.

aprender a ser peluquera	tener que mudarse a otra ciudad
querer trabajar de voluntarios	dedicarse a las finanzas
seguir una carrera de arquitecto	hacerse diseñadoras
abrir su propia empresa	

Modelo A Micaela le gusta arreglarles el pelo a sus amigas.
Por eso, aprenderá a ser peluquera.

1. A Luisa y Carmen les fascina la moda y la ropa.

   _____

2. En mi ciudad no hay universidad que ofrezca los programas que yo quiero.

   _____

3. A ti siempre te han fascinado los edificios viejos y las casas modernas.

   _____

4. A Juan y Alfredo les encanta la economía.

   _____

5. Sonia y yo queremos ayudar a los ancianos. No nos importa si ganamos dinero o no.

   _____

6. Pablo no quiere trabajar para ningún jefe.

   _____

Realidades 3

Capítulo 6

Nombre _____

Fecha _____

Hora _____

Practice Workbook **6-6**

¿Qué será?

¿Qué hacen estas personas? Lee las descripciones sobre las actividades de estas personas. Luego usa el futuro de probabilidad para decir lo que crees que hacen.

---

asistir a la universidad

trabajar de redactora

estudiar para ser ingeniero

ser científicos

querer ser agricultores

hacerse abogado(a)

buscar el puesto de contador

Modelo   No creo que Juan Morales trabaje. Siempre lo veo con muchos libros.
Asistirá a la universidad.

1. Martín y Eva dicen que no quieren quedarse en la ciudad. Quieren vivir en el campo.

   _____

2. Tú siempre te encargas del dinero de todos los clubes.

   _____

3. Alicia siempre ve si algo está mal escrito en las composiciones de sus amigos.

   _____

4. A Ramiro le encantan los puentes. Siempre nos explica cómo han sido construidos.

   _____

5. A mí me gustan las leyes y los derechos de los ciudadanos.

   _____

6. Mi tío y mi tía trabajan en un laboratorio haciendo investigaciones.

   _____

Go Online WEB CODE jed-0604
PHSchool.com

¿Qué estarán haciendo?

Estos amigos se hacen preguntas y respuestas sobre varias personas, tratando de imaginar lo que hacen. Escribe los diálogos, usando el futuro de probabilidad de los verbos.

Modelo — dónde / el abuelo / estar / durmiendo / en la cama

— *¿Dónde estará el abuelo?*

— *Estará durmiendo en la cama.*

1. qué / nosotros / comer / esta noche / mamá / tener / algunas ideas

   _____

   _____

2. dónde / aquel médico / trabajar / atender / el hospital del barrio

   _____

   _____

3. por qué / Ana María / ir / la universidad / querer / ser científica

   _____

   _____

4. cuándo / Pablo / estudiar / de noche

   _____

   _____

5. adónde / tus amigos / viajar / ir / Venezuela

   _____

   _____

6. cuántos idiomas / Francisco / hablar / saber / por lo menos dos

   _____

   _____

Realidades 3

Capítulo 6

Nombre _____

Hora _____

Fecha _____

Practice Workbook **6-8**

¿Cómo será el futuro?

Tu amiga te dice cómo piensa ella que serán las cosas en el futuro. Cambia las palabras o frases entre paréntesis por sus sinónimos.

Modelo   Las personas podrán *(hablarse)* ___comunicarse___ a través de la televisión.

1. La vida se va a *(durar más tiempo)* _____.

2. La gente podrá *(saber)* _____ de las noticias más rápidamente.

3. Se van a *(resolver)* _____ ciertas enfermedades.

4. Las videocaseteras van a *(no existir)* _____.

5. Habrá más *(necesidad)* _____ de teléfonos celulares.

6. Se va a *(encontrar)* _____ que hay vida en otros planetas.

7. Los coches eléctricos van a *(hacer que haya menos)* _____ la contaminación.

8. Los aparatos de DVD van a *(tomar el lugar de)* _____ las videocaseteras.

9. Creo que se va a inventar una máquina que pueda *(imaginar lo que va a pasar)* _____ el futuro.

10. Desafortunadamente, creo que va a *(haber más)* _____ el número de fábricas.

11. La gente tendrá más oportunidad de comprar una *(casa o apartamento)* _____.

12. Yo también pienso que habrá más demanda en la industria de la *(hoteles y empresas turísticas)* _____.

Go Online
WEB CODE
jed-0606
PHSchool.com

Realidades 3

Capítulo 6

Nombre _____

Fecha _____

Hora _____

Practice Workbook **6-9**

Hablando del futuro . . .

Mateo y Elena están hablando del futuro. Completa las palabras o expresiones que faltan.

MATEO: ¿Verdad que es interesante pensar en los **(1.)** ___ v ___ ___ c ___ ___
tecnológicos y científicos?

ELENA: Ah sí. Por ejemplo, con la energía solar, se puede calentar las viviendas sin
(2.) ___ ___ ___ t ___ m ___ ___ ___ ___ el medio ambiente.

MATEO: Y con la televisión **(3.)** ___ í ___ ___ ___ t ___ l ___ ___ ___
nos enteramos inmediatamente de lo que pasa en el mundo.

ELENA: La gente puede **(4.)** ___ ___ m ___ n ___ ___ ___ ___ ___ ___ desde
muchos lugares gracias al teléfono celular.

MATEO: Dicen que en el futuro trabajaremos menos y que tendremos más tiempo de
(5.) ___ ___ i ___. ¡Eso sí me gusta!

ELENA: Y vivirás más años gracias a los avances en **(6.)** ___ ___ n ___ t ___ ___ ___.

MATEO: Sí. Creo que con **(7.)** ___ l ___ s ___ de los genes se van a curar muchas
(8.) ___ n ___ ___ ___ ___ ___ d ___ ___ ___ s.

ELENA: Sí. Tienes razón.

MATEO: A mí me encanta la realidad virtual. Se vive una experiencia
(9.) ___ o ___ o s ___ ___ u ___ ___ ___ real.

ELENA: Es importante **(10.)** ___ ___ n ___ ___ ___ n ___ u ___ ___ t ___ que la
informática es la profesión del futuro.

MATEO: Sí. Creo que cada vez habrá más trabajo en este **(11.)** ___ ___ m ___ ___.

ELENA: Definitivamente, en el futuro se van a **(12.)** ___ n ___ ___ ___ t ___ ___
muchas cosas nuevas.

Realidades ③

Capítulo 6

Nombre _____

Fecha _____

Hora _____

Practice Workbook **6-10**

Futuro y pasado

A. Explica en cada caso por qué será un poco tarde para hacer estas cosas. Usa el futuro perfecto.

Modelo Voy a venir esta tarde para ver a tus primos. (dentro de dos horas / irse)
Pero dentro de dos horas se habrán ido.

1. El jueves vengo a ayudarte con el informe. (para el miércoles / entregar el informe)
_____

2. Llegaremos dentro de media hora para verlos a Uds. (dentro de media hora / salir)
_____

3. Estaré a las siete para comer con ellas. (a las siete ya / cenar)
_____

4. En el año 2100 seguiremos usando gasolina. (para aquel año / descubrirse nuevas fuentes de energía)
_____

B. ¿Cómo han logrado estas personas hacer las cosas que hacen? Escribe una explicación para cada una de estas situaciones, usando el futuro perfecto.

aprender a manejar	conseguir el dinero del banco	tomar un taxi
comprarse un robot	comprar un aparato de calefacción solar	

Modelo María llegó muy rápidamente. *Habrá tomado un taxi.*

1. La señora Díaz dice que pasa menos tiempo ahora con los quehaceres de la casa.
_____

2. Los Gómez gastan menos ahora para calentar su casa.
_____

3. Carlos ya va a todas partes en coche.
_____

4. ¿Cómo pudo Sarita pagarse el viaje a Florida?
_____

Go Online WEB CODE jed-0607
PHSchool.com

Ayudando a los demás

A. Completa los siguientes diálogos usando la información dada. En tu respuesta incluye dos pronombres: uno de complemento directo y otro de complemento indirecto.

Modelo — Necesito leer ese artículo. ¿Lo tienes? (prestar / esta tarde)
— *Sí, yo te lo prestaré esta tarde.*

1. —¿Uds. tienen el programa de realidad virtual? Nosotros lo necesitamos. (enviar / mañana)

   _____

2. —El coche de Anita no funciona. ¿Puedes ayudarla? (reparar / en el taller)

   _____

3. —¿Tienes el CD de "Solares"? A Juan y a Laura les encanta. (regalar / para su cumpleaños)

   _____

4. —Raquel se compró una casa nueva y quiere que sus amigos la vean. ¿Sabes cuándo? (enseñar / el fin de semana)

   _____

B. Tus amigos no saben qué hacer, pero tú los ayudas. Escribe una respuesta para cada pregunta, usando la forma de mandatos.

Modelo — Alfonso necesita esos libros. ¿Qué debo hacer? (dar)
— *Dáselos.*

1. —El profesor quiere el informe hoy. ¿Qué debo hacer? (entregar)

   _____

2. —Mis amigos quieren saber la historia. ¿Qué sugieres? (contar)

   _____

3. —Nosotros tenemos refrescos para los invitados. ¿Qué debemos hacer? (ofrecer)

   _____

4. —Tengo las medicinas que Uds. necesitan. ¿Qué debo hacer? (traer)

Realidades ③

Capítulo 6

Nombre _____

Fecha _____

Hora _____

Practice Workbook **6-12**

Explica estas cosas

Explica por qué han pasado estas cosas, usando el futuro perfecto y los complementos directos e indirectos.

Modelo ¿Cómo es que tiene Paula aquel informe? (Juan / dar)
Juan se lo habrá dado.

1. ¿Quién le dio a Isabel un vestido tan bonito? (sus padres / regalar)

_____

2. Vi a José manejando el coche de Vera. (ella / vender)

_____

3. ¿Cómo nos llegó esta tarjeta postal? (nuestros primos / enviar)

_____

4. Luis dice que ya entiende los problemas de matemáticas. (el profesor / explicar)

_____

5. Clara dice que sabe tus planes. (alguien / decir)

_____

6. ¿Sabes que yo ya he visto las fotos de Teresa? (su novio / mostrar)

_____

7. Ellos van al mismo hotel que Alberto. (él / recomendar)

_____

8. ¿Cómo es que no tienes aquellos discos digitales? (mis amigos / llevarse)

_____

WEB CODE jed-0610
PHSchool.com

Organizer

I. Vocabulary

Profesiones y oficios

_____

_____

_____

_____

_____

Cualidades

_____

_____

_____

_____

_____

Verbos que tienen que ver con el trabajo

_____

_____

_____

_____

_____

Otros verbos y expresiones

_____

_____

_____

_____

_____

Campos y carreras del futuro

_____

_____

_____

_____

_____

Palabras asociadas con el futuro

_____

_____

_____

_____

_____

Realidades 3

Capítulo 6

Nombre _____

Hora _____

Fecha _____

Practice Workbook **6-14**

II. Grammar

1. What are the endings of the future tense?

   yo _____   tú _____   él/ella/Ud. _____   nosotros(as) _____

   vosotros(as) _____   ellos/ellas/Uds. _____

2. What is the *yo* form of the future of each of these verbs?

   haber _____   **poder** _____   **querer** _____   **hacer** _____

   decir _____   **poner** _____   **saber** _____   **salir** _____

3. What is the future of probability used for? _____

   _____

4. How do you form the future perfect tense? _____

   _____

5. Conjugate these verbs in the future perfect.

         curar   **descubrir**

   _____   _____   _____   _____

   _____   _____   _____   _____

   _____   _____   _____   _____

6. What is the order of the object pronouns when you have an indirect and a direct pronoun occurring together?

   _____

7. What happens to the indirect object pronoun *le* or *les* when it comes before the indirect objects *lo, la, los, las*?

   _____

8. How do you clarify whom the pronoun *se* refers to in the combinations *se lo, se la, se los,* and *se las*?

   _____

9. What do you add when the object pronouns are attached to the infinitive, a command or a present participle?

   _____

WEB CODE
jed-0611
PHSchool.com

Realidades 3

Capítulo 7

Nombre _____

Hora _____

Fecha _____

Practice Workbook **7-1**

A ver si recuerdas . . .

¿Qué viste en tus vacaciones?

Un amigo y tú fueron de vacaciones y les pasaron cosas muy diferentes. Escribe una frase para decir algo opuesto a lo que le pasó a tu amigo, usando los elementos dados.

Modelo

Siempre me molestaban las moscas.

Nunca me molestaban a mí.

1. _____

No vi ninguno.

2. _____

Yo vi algunas.

3. _____

Yo no vi nada.

4. _____

Nunca cayeron.

5. _____

Alguien me explicó su historia.

6. _____

Yo sí vi alguno.

Go Online
WEB CODE
jed-0701
PHSchool.com

Realidades ③

Capítulo 7

Nombre _____

Hora _____

Fecha _____

Practice Workbook **7-2**

A ver si recuerdas . . .

¿Cuál quieres ver?

Imagina que estás en un lugar que no conoces y quieres ver las distintas cosas que hay allí. Completa las preguntas con las palabras que faltan y contéstalas usando adjetivos en forma de sustantivos.

Modelo

¿Quieres ver el _____río_____ grande? (pequeño)

No, el grande no. Quiero ver el pequeño.

1. ¿Quieres ver un _____ antiguo? (moderno)

_____

2. ¿Quieres ir a la _____ pequeña? (grande)

_____

3. ¿Quieres jugar con los _____ negros? (gris)

_____

4. ¿Quieres ver unos _____ horribles? (hermoso)

_____

5. ¿Quieres ver unas _____ negras? (rojo)

_____

6. ¿Quieres subir las _____ de la derecha? (izquierda)

_____

Go Online WEB CODE jed-0701

PHSchool.com

Realidades 3

Capítulo 7

Nombre _____

Fecha _____

Hora _____

Practice Workbook **7-3**

La arqueología, en otras palabras

Puedes hablar de la arqueología usando sinónimos. Completa las siguientes frases, expresando la misma idea con palabras de este capítulo.

Modelo El monumento pesaba _____*toneladas*_____ (*miles de kilos*).

1. Son _____ (*pueblos*) que existieron hace muchos años.

2. Vimos un _____ (*edificio donde se estudiaban los movimientos del sol y de la luna*).

3. Es un _____ (*algo que no se sabe*) por qué se construyeron estas grandes ciudades.

4. Se ven _____ (*dibujos*) geométricos en las paredes de ese castillo.

5. Esa pirámide tiene dibujos de _____ (*objetos de cuatro lados*).

6. Ése es un fenómeno _____ (*que nadie sabe explicar*).

7. Los arqueólogos _____ (*no creen*) que existan más ruinas allí.

8. Esa piedra _____ (*estaba encima de*) una estructura.

9. Nadie sabe cuál era _____ (*el uso*) de esa figura.

10. Es _____ (*casi seguro*) que esas ruinas tengan miles de años.

WEB CODE jed-0702
PHSchool.com

El trabajo de arqueólogo

Tus compañeros y tú están ayudando a un grupo de arqueólogos en una excavación. Primero mira los dibujos. Después lee las preguntas y contéstalas escribiendo una frase.

Modelo   ¿Qué traza Pablo en la tierra?

Pablo traza un óvalo en la tierra. _____

¿Qué mide Leonor?

1. _____

¿Qué hacen Antonio y sus ayudantes?

2. _____

¿Qué mide Daniela?

3. _____

¿Qué mides?

4. _____

¿Qué hace Marisol?

5. _____

¿Qué estudian Teresa y Silvio?

6. _____

¿Qué es el señor Bermúdez?

7. _____

Realidades 3

Capítulo 7

Nombre _____

Fecha _____

Hora _____

Practice Workbook **7-5**

Hablando entre arqueólogos

Imagina que eres un(a) arqueólogo(a). Expresa tu opinión sobre las ideas de los otros arqueólogos con quienes trabajas. Usa la expresión dada y el subjuntivo o el indicativo, según corresponda.

Modelo Estas piedras pesan tres toneladas. (es imposible)

Es imposible que pesen tres toneladas.

1. Empezamos a excavar hoy. (dudo)

_____

2. ¿Son antiguos estos diseños? (es evidente)

_____

3. Hoy encontraremos más ruinas. (no creo)

_____

4. ¿Descubrirán los científicos el misterio? (no es probable)

_____

5. Hay una ciudad antigua por aquí. (me parece dudoso)

_____

6. Algún día sabremos por qué se construyeron estos edificios. (no dudamos)

_____

7. Esto es una evidencia de que hay extraterrestres. (no es verdad)

_____

8. Trazaremos la distancia hoy. (no es posible)

_____

Realidades 3

Capítulo 7

Nombre _____

Fecha _____

Hora _____

Practice Workbook **7-6**

Intercambio de ideas

Dile a tu compañero(a) que no estás de acuerdo con él (ella). Completa la primera frase con el verbo correcto en pretérito. Luego usa la expresión entre paréntesis y el presente perfecto del subjuntivo para escribir tu frase.

Modelo   Un artista maya ____hizo____ (hacer / leer) este diseño. (no creo)
No creo que un artista maya haya hecho este diseño.

1. Los indígenas _____ (mover / correr) estas piedras enormes sin usar animales. (dudo)

   _____

2. Los indígenas _____ (calcular / dibujar) naves espaciales. (es imposible)

   _____

3. Ellos _____ (trazar / unir) las piedras sin cemento. (es poco probable)

   _____

4. Los arqueólogos _____ (medir / calcular) todas las piedras. (no es posible)

   _____

5. ¡Nosotros _____ (descubrir / correr) el observatorio! (no es cierto)

   _____

6. Yo _____ (pesar / saber) toda la cerámica. (no creo)

   _____

7. Ramón _____ (excavar / medir) correctamente la distancia entre estos dos monumentos. (es dudoso)

   _____

8. Nosotros _____ (comprender / pesar) la función de estos óvalos. (no es verdad)

   _____

WEB CODE
jed-0703
PHSchool.com

Realidades 3

Capítulo 7

Nombre _____

Fecha _____

Hora _____

Practice Workbook **7-7**

Una joven arqueóloga

Isabel trabajó con unos arqueólogos en México este verano y escribió sobre su experiencia. Lee la carta y luego contesta las preguntas. La primera respuesta ya está escrita.

> *Queridos amigos:*
>
> *Este verano ayudé a unos arqueólogos que estaban excavando unas ruinas en México. Lo primero que quiero decirles es que el trabajo de arqueólogo es muy difícil. Hacía mucho calor y trabajamos durante muchas horas. Pero sólo los arqueólogos podían excavar las ruinas. Lo primero que hicimos fue excavar un observatorio. Parecía muy moderno. Tenía, además, unos dibujos que parecían naves espaciales. Yo dije que quizás los extraterrestres ayudaron a este pueblo a construir el observatorio. Los arqueólogos se rieron y me dijeron que eso era improbable. También encontramos otras estructuras. Pasamos horas midiéndolas y pesándolas. No logramos excavar todas las ruinas, pero los arqueólogos piensan terminar el año que viene. Yo volveré en el verano, antes de que todo esté terminado.*
>
> *Saludos,*
> *Isabel*

1. ¿Crees que hacía frío en México?
No creo que haya hecho frío en México.

2. ¿Es verdad que Isabel excavó con los arqueólogos?

_____

3. ¿Estás seguro(a) de que encontraron un observatorio?

_____

4. ¿Creen los arqueólogos que los extraterrestres ayudaron a este pueblo?

_____

5. ¿Es verdad que pasaron meses midiendo y pesando?

_____

6. ¿Es evidente que Isabel volverá el invierno que viene?

_____

Los aztecas y los mayas

Jorge y Carlos conversan sobre lo que saben de los aztecas y los mayas. Completa las palabras de la conversación para saber lo que dicen.

JORGE: ¿Conoces a los aztecas y los mayas?

CARLOS: Sí. Eran **(1.)** __ __ b __ __ __ n __ __ __ de México, ¿no?

JORGE: Sí. Aprendí mucho en mi clase sobre las **(2.)** __ __ y __ __ d __ __ de los

aztecas y los mayas. ¿Sabías que ellos tenían muchos cuentos para explicar el

(3.) __ r __ g __ __ del universo?

CARLOS: Sí, lo sabía. Además tenían muchas **(4.)** __ __ o __ __ __ s para explicar

fenómenos como los eclipses.

JORGE: Es cierto. Una **(5.)** __ __ e e __ __ __ __ que tenían era que cuando los

dioses se enojaban, el sol no **(6.)** __ r __ __ __ __ b __ y por eso ocurría

el eclipse.

JORGE: Creo que el eclipse era algo importante y **(7.)** __ __ g __ __ d __ para ellos.

CARLOS: Estas civilizaciones tenían un sistema de **(8.)** __ __ c __ i __ __ __ __

con símbolos.

JORGE: Yo creo que **(9.)** __ __ n __ __ __ b __ y __ __ __ __ mucho a las

civilizaciones del resto del mundo.

CARLOS: Me encantó la clase. Lo que más me gusta son las leyendas y los

(10.) __ __ t __ s de estas culturas.

WEB CODE
jed-0706
PHSchool.com

Realidades 3

Capítulo 7

Nombre _____

Fecha _____

Hora _____

Practice Workbook **7-9**

Las civilizaciones antiguas

Podemos aprender mucho de las civilizaciones antiguas. Contesta las preguntas, usando las ilustraciones. Escribe frases completas.

Modelo

¿Qué vieron los aztecas en el observatorio?
Los aztecas vieron un planeta en el observatorio.

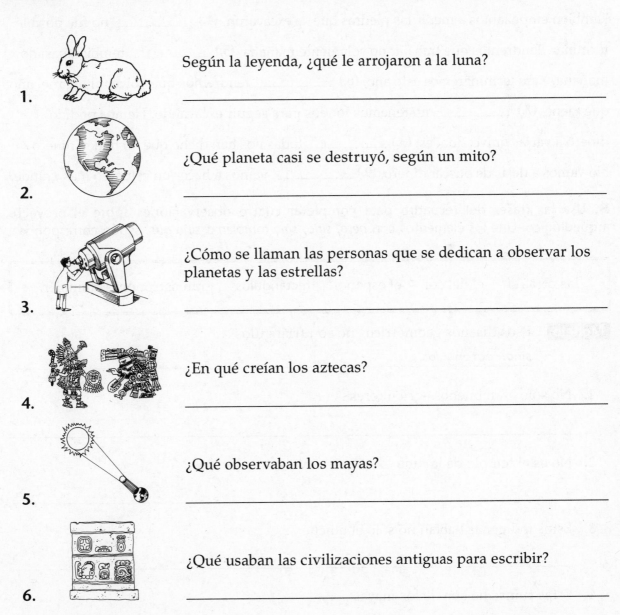

Según la leyenda, ¿qué le arrojaron a la luna?

1. _____

¿Qué planeta casi se destruyó, según un mito?

2. _____

¿Cómo se llaman las personas que se dedican a observar los planetas y las estrellas?

3. _____

¿En qué creían los aztecas?

4. _____

¿Qué observaban los mayas?

5. _____

¿Qué usaban las civilizaciones antiguas para escribir?

6. _____

El mundo de los arqueólogos

A. Un arqueólogo habla de los problemas de su trabajo. Completa lo que dice con *pero, sino* o *sino que*, según corresponda.

Hemos investigado mucho, **(1.)** _____ no hemos descubierto el origen de esta

cerámica. Parece que tiene mucho en común con la cerámica de los incas, **(2.)** _____

no logramos explicar por qué no se encontraría en Sudamérica, **(3.)** _____ en México.

También empezamos a medir las piedras que se excavaron, **(4.)** _____ no fue posible

terminar. Tendremos que trabajar no solamente mañana, **(5.)** _____ también pasado

mañana. Y no terminaremos este año, **(6.)** _____ tendremos que volver al lugar el año

que viene, **(7.)** _____ no tenemos fondos para seguir excavando. Hemos pedido

dinero a varias universidades, **(8.)** _____ todas nos han dicho que no tienen dinero.

No vamos a dejar de buscar dinero, **(9.)** _____ vamos a hacer un esfuerzo más grande.

B. Usa las frases del recuadro para completar cuatro observaciones sobre el proyecto arqueológico. Une los elementos con *pero, sino, sino también* o *sino que*, según corresponda.

las otras sí   el del sol   el español   rectángulos   eran astrónomos también

Modelo Esos diseños geométricos no son triángulos ...

sino rectángulos.

1. No sólo eran buenos agricultores ...

   _____

2. No es el templo de la luna ...

   _____

3. Estos indígenas hablan no sólo el quiché ...

   _____

4. Estas ruinas no son de los mayas ...

   _____

Go Online WEB CODE jed-0707 PHSchool.com

Realidades 3

Capítulo 7

Nombre _____

Fecha _____

Hora _____

Practice Workbook **7-11**

Un verano arqueológico en México

Lee el siguiente anuncio sobre un proyecto arqueológico. Contesta las preguntas, usando el subjuntivo. La primera respuesta ya está escrita.

> # Proyecto arqueológico en México
>
> ### Se va a formar un equipo de profesionales y estudiantes para realizar un proyecto arqueológico. Se buscan personas con los siguientes requisitos:
>
> - El jefe tiene que saber organizar un proyecto arqueológico.
> - El arqueólogo debe conocer las culturas indígenas de México.
> - El traductor necesita hablar español y quiché.
> - La médica debe haber estudiado las enfermedades tropicales.
> - El secretario tiene que saber usar el correo electrónico.
> - Los estudiantes necesitan estar interesados en la arqueología.
> - La enfermera necesita tener experiencia de trabajar con los indígenas.
> - A los trabajadores les debe gustar excavar.

1. ¿Qué clase de jefe se necesita?

   Se necesita un jefe que sepa organizar un proyecto arqueológico.

2. ¿Qué clase de arqueólogo se busca?

   _____

3. ¿Qué clase de traductor se necesita?

   _____

4. ¿Qué clase de médica se solicita?

   _____

5. ¿Qué clase de secretario se quiere contratar?

   _____

6. ¿Qué clase de trabajadores se necesita?

   _____

Realidades ③

Capítulo 7

Nombre _____

Fecha _____

Hora _____

Practice Workbook **7-12**

Problemas en el proyecto arqueológico

A. Daniela contesta las preguntas del jefe. Desafortunadamente, todas sus respuestas son negativas. Escribe lo que responde Daniela. Usa el presente o el presente perfecto del subjuntivo, según corresponda.

> **Modelo** ¿Alguien hace los dibujos de la cerámica?
>
> *No, no hay nadie que haga los dibujos de la cerámica.*

1. ¿Alguien habla idiomas indígenas?

   _____

2. ¿Algún trabajador tiene experiencia excavando?

   _____

3. ¿Les interesó algo a los arqueólogos?

   _____

4. ¿Alguien sabe leer los números mayas?

   _____

5. ¿Algo aquí sirvió de modelo?

   _____

B. Daniela responde más preguntas. Escribe sus respuestas con los elementos dados. Usa *sino*, *sino que*, *pero*, o *sino también*, según corresponda.

> **Modelo** ¿El sol no apareció? (se puso)
>
> *El sol no apareció, sino que se puso.*

1. ¿Tú quieres sólo estudiar? (trabajar)

   _____

2. ¿Los dioses quisieron arrojarse al fuego? (no pudieron)

   _____

3. ¿Tu hermano es escritor? (arqueólogo)

   _____

4. ¿El astrónomo estudia el mar? (los planetas)

   _____

Go **Online**
WEB CODE
jed-0710
PHSchool.com

Realidades 3

Capítulo 7

Nombre _____

Fecha _____

Hora _____

Practice Workbook **7-13**

Organizer

I. Vocabulary

Para hablar de mitos y leyendas

_____

_____

_____

_____

Para hablar de descubrimientos

_____

_____

_____

_____

Para hablar del universo

_____

_____

_____

Para describir objetos

_____

_____

_____

Para hablar de los fenómenos inexplicables

_____

_____

_____

Verbos

_____

_____

_____

Realidades **3**

Capítulo 7

Nombre _____

Fecha _____

Hora _____

Practice Workbook **7-14**

II. Grammar

1. List five expressions of doubt, uncertainty, or disbelief that are followed by the subjunctive.

    _____

    _____

    _____

    _____

    _____

2. List five expressions of belief or certainty that are followed by the indicative.

    _____

    _____

    _____

    _____

    _____

3. When do you use the subjunctive in adjective clauses?

    _____

    _____

4. Which are the two Spanish equivalents for the word *but*?

    _____

5. When is the conjunction *sino* used?

    _____

6. When is *sino que* used?

    _____

    _____

7. What is the Spanish equivalent to the expression *not only … but also*?

    _____

Go Online
PHSchool.com
WEB CODE
jed-0711

A ver si recuerdas . . .

¿Dónde está?

A. Lee las preguntas sobre la posición de estas cosas y contéstalas con frases completas, según los dibujos.

Modelo

¿Dónde está la calle?

La calle está entre el museo y el teatro.

1. ¿Dónde está la plaza?

   _____

2. ¿Dónde está el monumento?

   _____

3. ¿Dónde está la iglesia?

   _____

4. ¿Dónde está el río?

   _____

B. Completa estas conversaciones. Escribe la pregunta para cada respuesta.

Modelo —*¿Cuándo vas al museo?*

—Voy al museo mañana.

1. —_____

   —Fui al museo hace mucho tiempo.

2. —_____

   —La escultura está en el edificio histórico.

3. —_____

   —Mi amiga Luisa vive en esa cuadra.

4. —_____

   —Esa artesanía está hecha de oro.

WEB CODE
jed-0801

PHSchool.com

Realidades 3

Capítulo 8

Nombre _____

Hora _____

Fecha _____

Practice Workbook **8-2**

A ver si recuerdas . . .

Historia de dos amigos

A. Lee la historia de lo que les pasó a Pedro, Martín y Amalia. Completa el párrafo con palabras del vocabulario del capítulo.

Pedro y Martín son buenos amigos y siempre se llevan **(1.)** _____. Ellos casi

nunca se pelean pero una vez tuvieron un **(2.)** _____ muy serio. Esto pasó

hace poco, o **(3.)** _____. Martín se molestó y se

(4.) _____ cuando vio que su novia Amalia estaba con Pedro. Vio que

fueron a una joyería donde venden **(5.)** _____ hechas de oro y

(6.) _____. Pedro **(7.)** _____ cien dólares por un anillo. Se lo

iba a dar a Amalia, cuando Martín entró a la tienda. Amalia y Pedro tuvieron miedo, o se

(8.) _____ un poco por los gritos de Martín. Martín pensaba que Amalia ya

no lo quería. Pero entonces Amalia le explicó a Martín que Pedro le había prestado dinero

para que ella le pudiera comprar un anillo de amistad. ¡Todo había sido un malentendido!

B. Ahora contesta las preguntas, usando el pretérito del verbo entre paréntesis. La primera respuesta ya está escrita.

1. ¿Qué les pasó a Pedro y a Martín hace poco? *(tener)*
   Pedro y Martín tuvieron un conflicto.

2. ¿Cómo reaccionó Martín cuando vio a su novia con Pedro? *(ponerse)*
   _____

3. ¿Adónde fueron Amalia y Pedro? *(andar)*
   _____

4. ¿Qué quería Amalia que Pedro le diera? *(pedir)*
   _____

5. ¿Qué pensó Martín de Amalia? *(creer)*
   _____

Go Online WEB CODE jed-0801
PHSchool.com

Seamos arquitectos

Mira los dibujos, lee las frases y complétalas con las palabras que faltan.

Modelo ¡Qué linda ____*arquitectura*____ tiene ese edificio!

1. Los romanos construyeron este _____.

2. Este castillo tiene _____ impresionante.

3. Este palacio tiene _____ hermosos.

4. Esta casa tiene seis _____.

5. El patio tiene _____ de varios colores.

6. La ventana tiene una _____.

Go Online WEB CODE jed-0802
PHSchool.com

Realidades 3

Capítulo 8

Nombre _____

Fecha _____

Hora _____

Practice Workbook **8-4**

Conversación

Completa las frases con las palabras apropiadas para saber lo que Cristina y Patricia dicen de su viaje a Andalucía.

CRISTINA: Sevilla es una ciudad impresionante. Me encanta la catedral. ¿Sabes que en

su lugar había una mezquita cuando los **(1.)** _____

dominaban la península?

PATRICIA: ¿La mezquita ya no está allí?

CRISTINA: No, estaba ahí **(2.)** _____, pero ya no.

PATRICIA: Bueno, pero esa catedral es increíble, es una **(3.)** _____.

CRISTINA: Sí, me alegro de que hayamos venido a Andalucía. Es una región muy

interesante. Se ve el efecto, o la **(4.)** _____ de tres

culturas.

PATRICIA: ¿Qué culturas?

CRISTINA: Pues, la cristiana, la **(5.)** _____ y la musulmana.

PATRICIA: ¿Te refieres a la **(6.)** _____ de los edificios?

CRISTINA: Sí, pero eso no es todo, no es lo **(7.)** _____.

PATRICIA: Entonces, ¿qué más?

CRISTINA: También en la **(8.)** _____, o personas que viven allí.

PATRICIA: Claro, en el **(9.)** _____ que hablan.

CRISTINA: Sí. Todas estas culturas han dejado su **(10.)** _____ en la

ciudad.

PATRICIA: Definitivamente.

WEB CODE
jed-0802
PHSchool.com

Realidades 3

Capítulo 8

Nombre _____

Fecha _____

Hora _____

Practice Workbook **8-5**

Un viaje por España

Algunas personas de la escuela quieren pasar el verano en España y hablan de lo que harían allí. Escribe frases completas con los elementos dados y el verbo en condicional.

Modelo tú / visitar Barcelona

Tú visitarías Barcelona.
_____

1. yo / ir a Sevilla

_____

2. nuestros profesores / comprar libros

_____

3. nosotros / hacer muchas excursiones

_____

4. Víctor y Nacho / poder hablar español todo el día

_____

5. Marta / querer ver ruinas romanas

_____

6. tú / venir con nosotros a Toledo

_____

7. Alejandro / salir todas las noches

_____

8. Valeria y yo / divertirse mucho

_____

Realidades 3

Capítulo 8

Nombre _____

Hora _____

Fecha _____

Practice Workbook **8-6**

El viaje perfecto

Mira los dibujos y escribe una frase para decir cómo sería el viaje perfecto por España para estos(as) estudiantes. Usa el condicional de los verbos del recuadro.

estudiar	sacar fotos	visitar	jugar
dibujar	comprar	dormir	comer

Modelo   Susana   *Susana sacaría fotos de las rejas.* _____

1. Sergio _____

2. nosotros _____

3. Eva y Sara _____

4. las estudiantes _____

5. Luis y Ernesto _____

6. yo _____

7. tú _____

Go **Online** WEB CODE jed-0803 **PHSchool.com**

Encuesta: ¿Qué harías en España?

Se hizo una encuesta a la clase de español sobre lo que harían los (las) estudiantes si fueran a España. Lee la encuesta. Luego contesta las preguntas, usando el condicional. La primera respuesta ya está escrita.

Nombre	¿Adónde irías?	¿Qué harías?
Juan	Córdoba	estudiar español, visitar La Mezquita
Marta	Segovia	ver el acueducto, salir con amigos
Pilar	Sevilla	caminar en la plaza, estudiar español
Simón	Córdoba	bailar, comprar azulejos
Beatriz	Toledo	tomar fotos de la arquitectura, comer en restaurantes
Fernando	Madrid	comprar postales, ir al zoológico

1. ¿Qué haría Juan?
   Juan estudiaría español y visitaría La Mezquita. _____

2. ¿Adónde irían Juan y Simón?

   _____

3. ¿Quiénes querrían estudiar español?

   _____

4. ¿Adónde iría Beatriz y qué haría?

   _____

5. ¿Quiénes comprarían cosas y qué cosas comprarían?

   _____

6. ¿Qué haría Marta y dónde lo haría?

Realidades ③

Capítulo 8

Nombre _____

Hora _____

Fecha _____

Practice Workbook **8-8**

El trabajo del (de la) escritor(a)

Tú eres escritor(a) y estás escribiendo un libro para niños sobre la historia y la cultura mexicanas. Tienes que explicar los dibujos del libro. Completa las explicaciones antes de entregar tu libro al redactor. Usa las palabras del vocabulario del capítulo.

Modelo

Los _____ *aztecas* _____ lucharon contra los españoles.

1.

Los _____ construyeron

_____ para enseñarles su religión a

los indígenas.

2.

Hubo un _____ de

_____ entre Europa y las Américas.

3.

No hubo siempre paz; los aztecas también se dedicaban

a la _____.

4.

Hernán Cortés y los _____ españoles

iban montados a caballo y llevaban

_____ de fuego.

5.

Los indios y los españoles se enfrentaron en numerosas

_____.

España en las Américas

Estás leyendo un libro sobre la historia del encuentro entre los europeos y los indígenas, pero se borraron algunas palabras. Completa las frases con las palabras del capítulo.

1. Los misioneros _____ las misiones para enseñarles su religión a los indígenas.

2. Sarita Montiel tiene antepasados italianos, españoles y portugueses. Ella es de

   _____ europea.

3. Los aztecas conquistaron muchos pueblos indígenas. Tenían un

   _____ muy grande.

4. Cuando los españoles trajeron el chocolate y el maíz a Europa, nadie sabía lo que

   eran. Eran mercancías _____ en Europa.

5. Los aztecas, los toltecas y los mayas son pueblos _____ de México.

6. Los españoles pudieron conquistar el imperio azteca porque con sus armas de

   fuego y sus caballos eran más _____ que los indígenas.

7. Francia, España, Inglaterra e Italia son países _____.

8. Cuando los españoles conquistaron el imperio azteca, México llegó a ser una

   _____ española y parte del imperio español.

9. Los españoles y los indígenas lucharon en muchas _____.

10. Muchas costumbres latinoamericanas _____ de elementos de culturas diferentes.

11. Hoy la mayor parte de los indígenas hispanoamericanos son católicos. Esto quiere

    decir que _____ la religión de los españoles.

12. En toda Hispanoamérica se empezó a hablar español, la

    _____ de España.

Realidades 3

Capítulo 8

Nombre _____

Hora _____

Fecha _____

Practice Workbook **8-10**

Pero todo eso tenía que hacerse

Estás conversando con un(a) amigo(a). Dile que todas estas cosas tenían que hacerse. Usa la frase entre paréntesis y el imperfecto del subjuntivo en tus respuestas. Reemplaza los complementos directos con el pronombre apropiado.

Modelo —Los estudiantes no aprendieron el vocabulario. (el profesor dijo)

—*Pero el profesor dijo que lo aprendieran.*
_____

1. —Yo no traje el guacamole. (yo te pedí)

_____

2. —Tú no estudiaste los resultados. (nadie me dijo)

_____

3. —Luis pudo terminar el informe. (creímos que era imposible)

_____

4. —Paula me dijo la respuesta. (yo no quería)

_____

5. —Uds. no salieron. (nos prohibieron)

_____

6. —Mamá no hizo la salsa picante. (nadie le sugirió)

_____

7. —Yo no sembré las flores. (papá insistió)

_____

8. —Alberto no escribió las palabras nuevas. (era necesario)

_____

Go Online WEB CODE jed-0807
PHSchool.com

Realidades 3

Capítulo 8

Nombre _____

Fecha _____

Hora _____

Practice Workbook **8-11**

¡Qué triste!

Explica cómo las cosas podrían ser diferentes para estas personas. Usa las palabras o expresiones entre paréntesis, el imperfecto del subjuntivo con *si* y el condicional.

Modelo   —Marcela no estudia. Por eso no aprende. (triste)

—¡Qué triste! Si estudiara, aprendería.

1. —Lorenzo no pone atención. Por eso no comprende. (ridículo)

   _____

2. —Claudia no llama a sus amigos. Por eso están enojados. (mal educada)

   _____

3. —Pablo no duerme. Por eso está siempre cansado. (lástima)

   _____

4. —Luisa no sale con sus amigos. Por eso no se divierte. (aburrido)

   _____

5. —Juanito no corre con cuidado. Por eso se lastima. (peligroso)

   _____

6. —Carolina no arregla su cuarto. Por eso no encuentra sus libros. (desordenada)

   _____

7. —Paco se despierta tarde. Por eso no puede asistir a su clase. (tonto)

   _____

8. —Laura tiene miedo de hablar con la gente. Por eso no tiene amigos. (tímida)

   _____

Explicaciones

A. Tu amigo(a) es entrometido(a) y quiere saber qué han dicho otras personas. Contesta sus preguntas con el verbo entre paréntesis. Usa el imperfecto del subjuntivo.

Modelo ¿Qué te recomendó el médico sobre las vitaminas? (tomar)

El médico me recomendó que tomara vitaminas.

1. ¿Qué te dijo el profesor sobre el idioma español? (aprender)

   _____

2. ¿Qué te sugirió el entrenador sobre los ejercicios? (hacer)

   _____

3. ¿Qué te recomendó el ingeniero sobre el puente? (construir)

   _____

4. ¿Qué te dijo tu madre sobre la paciencia? (tener)

   _____

B. Explícale a tu amigo(a) lo que piensas. Usa *como si* y el verbo en paréntesis.

Modelo ¿Por qué preguntas si están enamorados? (portarse)

Porque se portan como si estuvieran enamorados.

1. ¿Por qué preguntas si él es el jefe? (hablar)

   _____

2. ¿Por qué preguntas si ellos conocen España? (planear excursiones)

   _____

3. ¿Por qué preguntas si yo tengo prisa? (caminar)

   _____

4. ¿Por qué preguntas si los turistas no tienen dinero? (regatear)

Go Online WEB CODE jed-0810
PHSchool.com

Realidades 3

Capítulo 8

Nombre _____

Fecha _____

Hora _____

Practice Workbook **8-13**

Organizer

I. Vocabulary

Para hablar de construcciones

_____

_____

_____

_____

_____

Para hablar del descubrimiento de América

_____

_____

_____

_____

_____

Para hablar del encuentro de culturas

_____

_____

_____

_____

_____

_____

_____

_____

_____

_____

Verbos

_____

_____

_____

_____

_____

_____

Realidades 3

Capítulo 8

Nombre _____

Fecha _____

Hora _____

Practice Workbook **8-14**

II. Grammar

1. How do you form the conditional tense?

    _____

2. Which verbs show an irregularity in the conditional?

    _____

3. Give the conditional forms of the following verbs:

    vivir   **tener**

    _____ _____   _____ _____

    _____ _____   _____ _____

    _____ _____   _____ _____

4. How do you form the stem to which the endings of the imperfect subjunctive are added?

    _____

5. What are the endings of the imperfect subjunctive?

    yo _____ tú _____ él/ella/Ud. _____

    nosotros(as) _____ vosotros(as) _____ ellos/ellas/Uds. _____

6. When do you use the imperfect subjunctive?

    _____

    _____

7. What does *como si* mean and what form of the verb follows it?

    _____

8. Give the imperfect subjunctive forms of the following verbs:

    adoptar   **hacer**

    _____ _____   _____ _____

    _____ _____   _____ _____

    _____ _____   _____ _____

Realidades 3

Capítulo 9

Nombre _____

Hora _____

Fecha _____

Practice Workbook **9-1**

A ver si recuerdas . . .

Actividades de la gente

Las siguientes personas hacen diferentes cosas. Mira los dibujos. Completa las frases con las palabras que faltan.

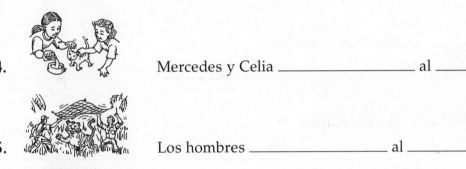

Modelo   Los estudiantes _____*establecen*_____ un centro de reciclaje.

1. Paulita _____ _____ al suelo.

2. Gregorio _____ _____ en el jardín.

3. El hombre rescató al niño del _____.

4. Mercedes y Celia _____ al _____.

5. Los hombres _____ al _____.

6. Anita y Tomás _____.

7. Carolina _____ cosas de vidrio y de plástico.

8. Se _____ dar de comer a _____.

Go Online
PHSchool.com
WEB CODE
jed-0901

Realidades **3**

Capítulo 9

Nombre _____

Hora _____

Fecha _____

Practice Workbook **9-2**

A ver si recuerdas . . .

¿Qué te gusta?

Muchas personas se interesan por la naturaleza y el medio ambiente. Mira los dibujos. Escribe frases para hablar de la actitud de estas personas hacia estas cosas.

 jóvenes / gustar

Modelo *A los jóvenes les gusta el valle.* _____

 estudiante / encantar

1. _____

 Lidia / interesar

2. _____

 personas / importar

3. _____

 nosotros / molestar

4. _____

 tú / preocupar

5. _____

 Ud. / importar

6. _____

 él / gustar

7. _____

 ellas / encantar

8. _____

Go Online WEB CODE jcd-0901
PHSchool.com

Diálogo

Diego y Pablo hablan de la contaminación. Completa las frases con las palabras apropiadas del vocabulario del capítulo para saber lo que dicen Diego y Pablo.

DIEGO: ¿Sabes que algún día usaremos coches eléctricos?

PABLO: Sí, leí un artículo sobre esos coches. Parece que ahorran mucha energía. Son

(1.) __ c __ n __ __ __ c __ __ y limpios.

DIEGO: Mucha gente tiene coches que usan petróleo. Creo que

(2.) __ __ p __ __ d __ __ __ s demasiado del petróleo. Algún día, ya

no habrá petróleo porque se (3.) __ g __ t __ __ __.

PABLO: Sí. Entonces habrá una (4.) __ __ c __ s __ __ de petróleo.

DIEGO: Tenemos que (5.) __ __ m __ __ t __ __ el uso de fuentes de energía

más eficientes y de esa manera conservar nuestros

(6.) __ __ c __ r __ __ __ naturales.

PABLO: Y tenemos que hacerlo (7.) __ a __ __ r __ __ t __

como sea posible.

DIEGO: Otro problema muy (8.) __ r __ v __ __ es la contaminación de los ríos y de

los mares.

PABLO: Muchas fábricas tienen productos (9.) __ u __ m __ __ __ __ __.

DIEGO: Sí. Y las fábricas (10.) __ c __ a __ esos productos al agua.

(11.) __ __ b __ d __ a esa práctica, los peces mueren en estas aguas

(12.) __ __ n __ __ m __ __ __ d __ __.

PABLO: ¡Tantos problemas! El gobierno tiene que tomar

(13.) __ __ d __ d __ __ __ y (14.) __ __ s __ __ g __ __ __ con multas

a estas fábricas.

Realidades ③

Capítulo 9

Nombre _____

Fecha _____

Hora _____

Practice Workbook **9-4**

Nuestro futuro

En el futuro habrá muchos problemas si no protegemos el medio ambiente. Cambia la parte subrayada de cada frase por expresiones o palabras del vocabulario.

Modelo   Estos coches eléctricos <u>ayudan a ahorrar dinero</u>.

Estos coches eléctricos *son económicos*.

1. La población <u>aumenta</u> cada día.

   La población _____ cada día.

2. Hoy tenemos suficiente petróleo, pero en el futuro <u>no habrá suficiente</u> petróleo.

   Hoy tenemos suficiente petróleo, pero en el futuro habrá una _____ de petróleo.

3. Las fábricas <u>arrojan</u> los desperdicios al río.

   Las fábricas _____ los desperdicios al río.

4. Los peces mueren en las aguas <u>sucias</u> por lo que hacen las fábricas.

   Los peces mueren en las aguas _____ por lo que hacen las fábricas.

5. La contaminación del medio ambiente es un problema <u>serio</u>.

   La contaminación del medio ambiente es un problema _____.

6. Nuestro país <u>no puede vivir sin</u> petróleo.

   Nuestro país _____ petróleo.

7. Algún día <u>no habrá más</u> petróleo.

   Algún día _____ petróleo.

8. El gobierno <u>tiene la responsabilidad</u> de hacer leyes para proteger el medio ambiente.

   El gobierno _____ de hacer leyes para proteger el medio ambiente.

Go Online   WEB CODE jed-0902
PHSchool.com

Los estudiantes y el medio ambiente

A. Habla de lo que los estudiantes van a hacer para proteger el medio ambiente. Añade a las frases la persona o las personas que aparecen entre paréntesis.

Modelo

Te veré después de reciclar los periódicos. (tú)

Te veré después de que tú recicles los periódicos.

1. No volveremos a casa hasta limpiar el patio de recreo. (Uds.)

_____

2. Después de visitar el río, escribiremos el informe. (los científicos)

_____

3. El gobierno debe estudiar la situación antes de tomar medidas. (nosotros)

_____

4. No sacaremos la basura hasta separar las botellas de plástico de las de vidrio. (tú)

_____

B. Los estudiantes observan la situación del medio ambiente de su ciudad. Escribe lo que dicen, completando estas frases con los elementos del recuadro.

> mientras las fábricas / seguir contaminando el aire
>
> hasta / estar limpio
>
> hasta que / resolverse el problema
>
> cuando / agotarse el petróleo
>
> cuando el gobierno / castigarla con una multa

Modelo

Hay mucha basura en las calles. Los vecinos no dejarán de quejarse

hasta que se resuelva el problema.

1. El río está muy sucio. No podremos nadar en él _____.

2. Esta empresa dejará de contaminar el medio ambiente _____.

3. No podremos respirar bien _____.

4. No sé cómo vamos a usar nuestros coches _____.

Hablando del medio ambiente

A. Completa las siguientes frases con uno de los pronombres relativos *que, quien(es)* o *lo que*.

1. El problema del _____ estamos hablando es la contaminación.

2. Es importante poner atención en _____ dicen los científicos.

3. Las personas a _____ les interesa reciclar ayudarán mucho.

4. Los ingenieros _____ están desarrollando el coche eléctrico hacen un trabajo muy importante.

5. Los políticos con _____ hablo dicen que la contaminación es un problema muy grave.

B. Contesta las preguntas de tu amigo(a) sobre el medio ambiente, usando un pronombre relativo.

Modelo   ¿Qué medidas fueron necesarias? (tomar / gobierno)
             Las medidas que tomó el gobierno.

1. ¿Qué petróleo causó problemas? (tirar al mar / las industrias)

   _____

2. ¿Qué científicos lo inventaron? (trabajar con / mi padre)

   _____

3. ¿Qué historias me cuentas? (contarme / mis hermanos)

   _____

4. ¿Qué estudiantes conservan agua? (importarles / el medio ambiente)

   _____

5. ¿Qué fuentes de energía son económicas? (descubrir / los científicos)

   _____

Por un mundo mejor

Muchos jóvenes trabajan para mejorar el mundo. Completa estos diálogos con el pronombre relativo que falta y con el verbo o la frase que aparece entre paréntesis.

Modelo —Todavía no han cerrado la fábrica _____*que*_____ echa desperdicios al río.

—La cerrarán cuando el gobierno ___*la castigue con una multa*___.
(castigarla con una multa)

1. —¿No te has reunido con el grupo ecológico en el _____ estoy yo?

   —Voy a reunirme con él en cuanto _____.
   (saber más sobre sus actividades)

2. —¿Participaste en la manifestación en la _____ yo participé?

   —Sí, fui a participar en ella tan pronto como yo _____.
   (darse cuenta de lo que se trataba)

3. —¿Han llegado los estudiantes con _____ vamos a trabajar?

   —No, pero te llamaré cuando _____. *(llegar)*

4. —Es difícil vivir en una ciudad en _____ hay tanta contaminación.

   —Todo seguirá así hasta que el gobierno _____.
   (tomar medidas)

5. —No comprendo _____ dice el profesor.

   —Lo comprenderás cuando _____. *(repetirlo)*

6. —El petróleo es un recurso natural _____ podría agotarse.

   —No quiero que se agote el petróleo antes de que los ingenieros _____

   _____. *(inventar un coche eléctrico)*

7. —María y Laura son dos chicas _____ trabajan mucho, ¿verdad?

   —Sí. Dicen que no van a parar hasta _____.
   (resolver el problema)

Realidades 3

Capítulo 9

Nombre _____

Fecha _____

Hora _____

Practice Workbook **9-8**

Problemas del medio ambiente

Mira los dibujos. Completa las frases con las palabras apropiadas.

Modelo

Algunos científicos dicen que la ___*capa de ozono*___

tiene ___*agujeros*___.

1. Se ha producido un _____

_____.

2. El _____ de las _____ cuesta
mucho dinero.

3. La _____ es un animal que hay que proteger.
Si no hacemos algo, vamos a perderla para siempre.

4. El hielo _____ debido al recalentamiento
global.

5. Estos animales se encuentran en peligro de
_____.

6. La _____ _____ ha sido
explotada.

7. La _____ de la _____ está
cubierta de petróleo.

8. El _____ _____ en la atmósfera
hace que las temperaturas aumenten.

Go Online WEB CODE jed-0906
PHSchool.com

Realidades **3**

Capítulo 9

Nombre _____

Fecha _____

Hora _____

Practice Workbook **9-9**

El medio ambiente

Un científico le está explicando a la clase los problemas del medio ambiente. Completa el párrafo para entender lo que dice.

Bueno, jóvenes, hoy les quiero hablar sobre los problemas del medio ambiente.

Es importante que escuchen para poder tomar **(1.)** _____ y entender estos

asuntos. Lo primero que deben saber es que todo lo que ustedes hacen

(2.) _____, o tiene efecto sobre, el medio ambiente. Por ejemplo, el uso de

(3.) _____, como el repelente de insectos, ayuda a crear el agujero de la

capa de ozono. Tenemos que reducir, o **(4.)** _____, su uso.

El aumento de temperatura en el mundo, o el **(5.)** _____, causa

cambios en los **(6.)** _____, como el frío del invierno o el calor del verano.

Por ejemplo, el **(7.)** _____ que está en los polos puede derretirse. Esto

causaría una cantidad de agua **(8.)** _____, o demasiada agua, en los

océanos. A su vez, esto sería un problema para las ballenas. Y las ballenas ya tienen

bastantes problemas cuando las personas tratan de atraparlas y practican la

(9.) _____ de estos animales.

Pero los problemas no sólo ocurren en los océanos, sino también en la

(10.) _____ donde vivimos. Los bosques del trópico, o

(11.) _____, también están en peligro. Y en general, nuestro planeta está

demasiado sucio. Debemos limpiarlo, o realizar una **(12.)** _____. Si todos

colaboramos, viviremos en un mundo mejor.

Realidades 3

Capítulo 9

Nombre _____

Fecha _____

Hora _____

Practice Workbook **9-10**

Los peligros para el medio ambiente

En una revista lees lo que se puede hacer para resolver los problemas del medio ambiente. Completa las frases, utilizando las expresiones del recuadro y el subjuntivo.

detenerse su caza	estar en peligro de extinción
aumentar las temperaturas	darles multas a los culpables
conservar las selvas tropicales	haber derrames
disminuirse el uso de aerosoles	tomar conciencia

Modelo   Los barcos de petróleo deben poder viajar sin que
haya derrames

1. Las ballenas azules morirán a menos que

   _____

2. El agujero de la capa de ozono no aumentará con tal de que

   _____

3. Hay que evitar la caza excesiva para no tener más animales que

   _____

4. Las fábricas seguirán echando productos químicos en los ríos a menos que

   _____

5. No podrá haber recalentamiento global sin que

   _____

6. No habrá más árboles a menos que

   _____

7. Pero yo creo que nadie hará nada, a menos que nosotros

   _____

Go Online WEB CODE jed-0908
PHSchool.com

Haciendo planes

¿Qué harán estas personas en las siguientes situaciones? Completa los diálogos con el verbo en indicativo o en subjuntivo, según corresponda.

1. —Dicen que mañana lloverá. Yo no quiero salir.

   —Tendrás que salir aunque _____.

2. —¿Y qué pasa si mañana los niveles de ozono están muy altos?

   —Vamos a salir aunque _____ altos.

3. —Este lago me pareció muy limpio.

   —Sí, parece limpio aunque _____ contaminado. Yo sé muy bien que
   la fábrica de al lado lo está contaminando.

4. —No hay duda que el viaje es muy largo.

   —Tenemos que hacerlo aunque _____ larguísimo.

5. —No podremos terminar este proyecto si nuestros compañeros no vienen a
   ayudarnos.

   —Tenemos que terminarlo aunque no vengan y no nos _____.

6. —Aquel señor habla español, pero no es español.

   —Sí, él habla español aunque _____ francés.

7. —No sé si quiero ir a casa de Roberto.

   —Tienes que ir aunque no _____.

8. —Perdón. No te di la dirección de la casa de Ángela.

   —No te preocupes. Encontré la casa aunque no me _____ la
   dirección.

¿Para qué?

Completa estas frases con el infinitivo o el subjuntivo del verbo que aparece entre paréntesis, según corresponda.

1. Vamos al río para _____ *(ver / castigar)* si está contaminado.

2. Llevaremos una botella de agua del río al laboratorio para que los científicos

   _____ *(investigar / agotar)* si el agua está contaminada o no.

3. No saldremos de casa sin _____ *(fomentar / llamarte)*.

4. No nos iremos sin que tú _____ *(llamarnos / conservar)*.

5. Tenemos que hacer un esfuerzo para _____ *(conservar / castigar)* el medio ambiente.

6. Te lo digo para que lo _____ *(disminuir / saber)*.

7. No saldré hasta _____ *(afectar / decirte)* lo que pienso.

8. Estudié hasta _____ *(resolver / derretir)* el problema.

9. El profesor esperará hasta que todo el mundo _____ *(terminar / limitar)*.

10. Tendrán que gastar mucho dinero para _____ *(fomentar / limpiar)* el derrame.

Go Online
WEB CODE
jed-0908
PHSchool.com

Realidades 3

Capítulo 9

Nombre

Fecha

Hora

Practice Workbook **9-13**

Organizer

I. Vocabulary

Para hablar de la contaminación

_____

_____

_____

_____

_____

Para hablar sobre los animales

_____

_____

_____

_____

_____

Para hablar del medio ambiente

_____

_____

_____

_____

_____

_____

_____

_____

Para hablar de los recursos naturales

_____

_____

_____

_____

_____

Verbos

_____

_____

_____

_____

_____

_____

II. Grammar

1. Make a list of six conjunctions that can be followed either by the indicative or subjunctive.

   _____   _____   _____

   _____   _____   _____

2. When are these conjunctions followed by the subjunctive?

   _____

3. What form of the verb always follows *antes (de) que*?

   _____

4. Make a list of four conjunctions that are followed by the subjunctive to express the purpose or intention of an action.

   _____   _____

   _____   _____

5. When are *para* and *sin* followed by the infinitive?

   _____

6. When is *aunque* followed by the subjunctive?

   _____

7. When is *aunque* followed by the indicative?

   _____

8. When do you use the relative pronoun *que*?

   _____

9. When is the relative pronoun *que* replaced by *quien / quienes*?

   _____

10. When do you use the relative phrase *lo que*?

    _____

Realidades 3

Nombre _____

Hora _____

Capítulo 10

Fecha _____

Practice Workbook **10-1**

A ver si recuerdas . . .

La política y la comunidad

¿Qué está pasando en esta comunidad? Mira los dibujos y completa las frases con las palabras que faltan.

1. El _____ _____ al ladrón.

2. El _____ y los _____ hablan.

3. Las _____ se _____.

4. Hay una _____ en _____ de la guerra.

5. Luisito no _____ a sus _____.

6. No se _____ entrar en el centro de la comunidad.

7. Estas personas están contentas porque se hicieron

   _____ de los Estados Unidos.

WEB CODE
jed-1001
PHSchool.com

Realidades 3

Nombre _____

Hora _____

Capítulo 10

Fecha _____

Practice Workbook **10-2**

A ver si recuerdas . . .

Cosas que pasaron

A. ¿Qué pasó o qué pasaba? Completa estas frases que hablan de cosas que sucedían o sucedieron en el pasado. Usa los verbos en pretérito o en imperfecto, según el caso.

reunirse	confiar	obtener
obedecer	disfrutar	resolver

Modelo   Yo tenía 18 años cuando _____*obtuve*_____ el permiso de manejar.

1. Eran las nueve de la mañana cuando los miembros del grupo _____.

2. Cuando era niño, mis amigos y yo siempre _____ de las vacaciones.

3. El juez nos dijo que nosotros no _____ la ley esa tarde.

4. Era mi mejor amiga y por eso siempre _____ en ella.

5. Hubo un problema grande, pero tú lo _____.

B. Completa el diálogo con el pretérito o el imperfecto de los verbos entre paréntesis para saber qué dicen Marcos y Ángela acerca de la manifestación.

MARCOS: No te vi en la manifestación. Yo creía que **(1.)** _____ *(querer)*

venir.

ÁNGELA: Es que yo no **(2.)** _____ *(saber)* que había una manifestación. Yo

lo **(3.)** _____ *(saber)* después. ¿Fue Ana contigo?

MARCOS: No, Ana **(4.)** _____ *(querer)* ir, pero no **(5.)** _____ *(poder)*.

Su abuela no se sentía bien y Ana no **(6.)** _____ *(querer)* dejarla

sola. Pero vino a la manifestación Javier Rodríguez.

ÁNGELA: ¿Quién es él? Yo no lo conozco.

MARCOS: Es un estudiante nuevo. Yo tampoco lo **(7.)** _____ *(conocer)*. Lo

(8.) _____ *(conocer)* allí, en la manifestación.

WEB CODE
jed-1001
PHSchool.com

Conversación: Derechos y deberes

Raúl y sus padres, Fernando e Isabel, tienen una discusión porque Raúl ha llegado tarde a la casa. Completa las frases con las palabras apropiadas del recuadro para saber lo que dicen.

liobagn	nattar	bedeser	pesreto
araaldmtto	uijstiianc	ibtaelrd	

PADRE: Es la una de la mañana, Raúl. ¿Olvidaste que tenías que estar en casa para las

doce? Tú ya conoces las reglas de la casa.

RAÚL: Papá, no es justo, es una **(1.)** _____. Trata de comprenderme.

Uds. me **(2.)** _____ como a un niño pequeño. Tengo 17 años y

debo tener la **(3.)** _____ de decidir a qué hora vuelvo a casa.

MADRE: ¡Raúl! ¡No le hables así a tu papá! Te exigimos que nos trates con

(4.) _____. ¡Somos tus padres! A ti nunca te hemos

(5.) _____. Al contrario, siempre te hemos tratado bien.

RAÚL: Pero, mamá, tú y papá me **(6.)** _____ a hacer ciertas cosas y me

prohíben que haga otras. No me gustan estos **(7.)** _____. Creo

que debo tener más derechos. Creo que debemos hablar de estas cosas, porque

yo también tengo algo que decir.

MADRE: Bueno, mañana seguiremos hablando.

Realidades 3

Capítulo 10

Nombre _____

Hora _____

Fecha _____

Practice Workbook **10-4**

Expresar en otras palabras

Los estudiantes de la escuela "Simón Rodríguez" están hablando sobre los derechos y los deberes. Completa las frases para que tengan el mismo significado.

1. La escuela no permite que los estudiantes se vistan como quieran.

   La escuela tiene un _____ de _____.

2. Todos son iguales ante la ley.

   Hay _____ ante la ley.

3. Nadie puede maltratar a los niños.

   Los niños no pueden estar _____ a maltratos.

4. No me hagan ir con Uds.

   No me _____ a ir con Uds.

5. Quieren que yo sea feliz.

   Quieren mi _____.

6. Los estudiantes no tienen que pagar sus estudios.

   Los estudiantes reciben una enseñanza _____.

7. En los Estados Unidos las personas piensan y se expresan libremente.

   En los Estados Unidos hay la _____ de _____ y

   expresión.

8. El estudiante les hace caso a sus maestros.

   El estudiante respeta la _____ de sus maestros.

9. Pueden decir lo que quieran sin miedo.

   _____ de libertad de _____.

10. El gobierno tiene que aplicar las leyes.

    El _____ tiene que aplicar las leyes.

Go Online WEB CODE jed-1002
PHSchool.com

Realidades 3

Capítulo 10

Nombre _____

Fecha _____

Hora _____

Practice Workbook **10-5**

Noticias del día

Alberto nos cuenta algunas noticias que ocurrieron hoy. Usa la voz pasiva y el pretérito para formar frases con los elementos dados.

Modelo   nuevas reglas / establecer / las autoridades
Nuevas reglas fueron establecidas por las autoridades.

1. las responsabilidades del gobierno / discutir / en los periódicos

   _____

2. varios programas de salud / promover / las enfermeras de la ciudad

   _____

3. un discurso / leer / el presidente del país

   _____

4. varios temas / tratar / en el discurso

   _____

5. una nueva tienda de deportes / abrir / en el centro

   _____

6. muchos clientes / entrevistar / los reporteros

   _____

7. las opiniones de los clientes / escuchar / el público

   _____

8. el problema de la contaminación del río / resolver / un grupo de estudiantes

   _____

9. una campaña de limpieza / organizar / ellos

   _____

Realidades ❸

Capítulo 10

Nombre _____

Hora _____

Fecha _____

Practice Workbook **10-6**

Ya no

Tú y tu amiga están hablando de cómo eran las cosas antes y cómo son ahora. Primero, completa la pregunta en el presente. Luego, contesta la pregunta en el pasado.

Modelo — ¿Los profesores insisten en que los muchachos _____*lleven*_____ (*llevar / aplicar*) una camisa blanca?

— *Antes insistían en que llevaran una camisa blanca. Ya no.*

1. —¿Los profesores piden que los estudiantes _____ (*sufrir / hacer*) tarea durante las vacaciones?

     _____

2. —¿La escuela permite que las reglas no _____ (*aplicarse / maltratar*) con igualdad?

     _____

3. —¿La escuela deja que los profesores _____ (*votar / abrir*) los armarios de los estudiantes?

     _____

4. —¿El director insiste en que _____ (*haber / gozar*) un código de vestimenta?

     _____

5. —¿Es posible que los estudiantes _____ (*sufrir / participar*) en todas las decisiones del colegio?

     _____

6. —¿Es necesario que los estudiantes _____ (*quedarse / saber*) hasta las cinco de la tarde?

     _____

7. —¿Se prohíbe que los estudiantes _____ (*sacar / tratar*) libros de la biblioteca?

     _____

8. —¿Exigen que los estudiantes _____ (*votar / levantarse*) cuando entra el profesor?

     _____

Go Online WEB CODE jed-1005
PHSchool.com

Realidades 3

Capítulo 10

Nombre _____

Fecha _____

Hora _____

Practice Workbook **10-7**

Conversando

Ahora tu amiga y tú hablan de lo que ha pasado en el colegio. Completa las conversaciones, usando el imperfecto del subjuntivo o el presente perfecto del subjuntivo.

Modelo — Bárbara no vino.
— Pero yo le dije *que viniera.* _____

— Bárbara no ha venido.
— Me sorprende *que no haya venido.* _____

1. —Los estudiantes no estudiaron.

   —Pero el profesor les había pedido _____.

2. —Luisa no ha votado.

   —Me sorprende que _____.

3. —Los chicos se divirtieron.

   —Me alegro _____.

4. —Pedro no se puso una corbata.

   —Yo sé que su madre le dijo _____.

5. —Estos adolescentes se trataban con respeto.

   —El director del colegio les exigió _____.

6. —Este informe fue escrito por José Antonio.

   —Pero yo no creo _____.

7. —Estas reglas han sido establecidas por el director.

   —No nos gusta _____.

8. —Han prohibido las manifestaciones.

   —Me parece injusto _____.

Realidades **3**

Capítulo 10

Nombre _____

Fecha _____

Hora _____

Practice Workbook **10-8**

Vivir en una democracia

¿Qué sabes de la democracia? Completa estas frases, escribiendo las palabras que correspondan de acuerdo a las letras en los espacios.

1. El ___ c ___ ___ ___ d ___, o la persona que se cree cometió un crimen,

   tiene derecho a tener un ___ u ___ ___ i ___ rápido y público.

2. La libertad de palabra es algo importante en la democracia, y es un

   ___ ___ l ___ r que mucha gente respeta.

3. Unos chicos tienen ideas y ___ r ___ ___ ___ n ___ ___ soluciones a los

   conflictos del planeta, o problemas ___ ___ n ___ ___ ___ l ___ ___.

4. Las personas que vieron el accidente son los t ___ ___ ___ ___ g ___ ___

   y ellos pueden ayudar a decidir si el acusado es ___ ___ l ___ ___ b ___ ___

   o inocente.

5. La policía no puede arrestar ni ___ ___ t ___ n ___ ___ a una persona sin

   acusarla de un crimen específico.

6. Nosotros creemos y ___ p ___ n ___ ___ ___ ___ que todos tienen

   derecho a hacer las cosas que desean hacer y lograr sus

   ___ ___ p ___ r ___ ___ ___ ___ ___ e ___.

7. Los jóvenes hablan entre ellos para ___ ___ t ___ ___ c ___ ___ b ___ ___ ___

   sus ideas y dar sus ___ r o ___ u ___ ___ ___ ___ ___ para resolver los

   problemas del medio ambiente.

Realidades 3

Capítulo 10

Nombre _____

Fecha _____

Hora _____

Practice Workbook **10-9**

Club de la Democracia

Estos estudiantes han formado un club. Para saber de qué se trata, completa las frases, usando las palabras en paréntesis como pistas.

HILDA: Nuestro Club de la Democracia ya tiene 100 miembros. Es muy importante

que fomentemos las ideas y valores **(1.)** _____ *(de la democracia).*

MARCO: En muchos países del mundo la gente no goza de la libertad, la

(2.) _____ *(ser iguales)* y la justicia.

PEDRO: Sí, son cosas que hay en una sociedad **(3.)** _____ *(con libertad)*

como la nuestra.

CHELO: Es cierto. No todos tienen la suerte de tener estos derechos

(4.) _____ *(principales).*

TERESA: También hay muchas personas que no gozan de la libertad de

(5.) _____ *(periódicos y revistas).*

MARÍA: Cierto. Y ése es un derecho que nos da acceso a diferentes

(6.) _____ *(opiniones).*

MARCO: Ojalá que todo el mundo viviera en una sociedad sin

(7.) _____ *(falta de igualdades)* y oportunidad.

ROBERTO: Sí. **(8.)** _____ *(En vez de)* pelearse, todos podrían vivir

en armonía.

LUIS: Siempre hay que buscar soluciones **(9.)** _____ *(que evitan la guerra).*

CARLOS: Creo que ése va a ser el **(10.)** _____ *(la meta)* de nuestro

nuevo club.

Realidades ③

Capítulo 10

Nombre _____

Fecha _____

Hora _____

Practice Workbook **10-10**

Hacia una sociedad mejor

Marta habla del progreso que ve en su sociedad cuando vuelve del extranjero. Usa los elementos sugeridos para escribir lo que dice. Usa el pluscuamperfecto del subjuntivo.

Modelo Se había garantizado la libertad de expresión. (Me alegré)

Me alegré de que se hubiera garantizado la libertad de expresión.

1. Las mujeres habían exigido la igualdad de derechos. (Me pareció bien)

   _____

2. Los trabajadores habían pedido mejor acceso a los hospitales. (Me gustó)

   _____

3. Habían decidido tratar mejor a los extranjeros. (Me pareció importante)

   _____

4. El gobierno había prometido proteger la libertad de prensa. (No pude creer)

   _____

5. Habían garantizado los derechos del acusado. (Me alegré)

   _____

6. Habían propuesto soluciones pacíficas a los conflictos con otros países. (Dudaba)

   _____

7. El gobierno había empezado a luchar contra el desempleo. (Fue bueno)

   _____

8. El país había mejorado tanto. (¡Cuánto me alegré!)

   _____

WEB CODE
jed-1007
PHSchool.com

Realidades ③

Capítulo 10

Nombre _____

Fecha _____

Hora _____

Practice Workbook **10-11**

Nadie habría hecho eso

Di, en cada caso, que la persona mencionada habría actuado de otra manera en esa situación.

| **Modelo** | Juan se sentía mal, pero corrió dos horas. ¿A ti te parece bien eso? |

No, yo no habría corrido dos horas.

1. Marta estaba enferma, pero salió. ¿A Luisa le parece bien eso?

_____

2. El agua del lago estaba muy fría, sin embargo nadé. ¿A ti te parece bien eso?

_____

3. A Pablo no le cae bien Susana, pero él la invitó. ¿A Francisco le parece bien eso?

_____

4. A mí no me gustó la decisión, pero la acepté. ¿A ti te parece bien eso?

_____

5. Sarita tenía prisa y no respetó las reglas. ¿A Uds. les parece bien eso?

_____

6. Marcos no preguntó y no se enteró del problema. ¿A los otros les parece bien eso?

_____

7. No encontraron la evidencia porque no buscaron en la casa. ¿A Uds. les parece bien eso?

_____

8. Ellos no comprendían el problema y no lo resolvieron. ¿A ti te parece bien eso?

_____

9. Alfredo no puso atención y no propuso una solución. ¿A nuestros amigos les parece bien eso?

_____

Realidades 3

Capítulo 10

Nombre _____

Fecha _____

Hora _____

Practice Workbook **10-12**

Las cosas habrían podido ser diferentes

Di cómo estas situaciones habrían podido ser diferentes. Usa frases completas con el condicional perfecto y el pluscuamperfecto del subjuntivo.

Modelo   Yo no estudié todos los días. No saqué buenas notas.
Si hubiera estudiado todos los días, habría sacado buenas notas.

1. Tú condujiste tan rápidamente. Te detuvo la policía.

   _____

2. Pedro dejó abierta la puerta de su coche. Su coche desapareció.

   _____

3. No hubo traductores. No comprendimos la conferencia.

   _____

4. Esas personas no conocían sus derechos. No pudieron defenderse.

   _____

5. No respetaron sus derechos. Lo arrestaron.

   _____

6. Alicia no corrió bien en la carrera. No ganó el premio.

   _____

7. Él no vio el accidente. No pudo ser testigo.

   _____

8. No manejaron con cuidado. Tuvieron un accidente.

   _____

Go Online
WEB CODE
jed-1010
PHSchool.com

Organizer

I. Vocabulary

Para hablar de derechos y responsabilidades

_____

_____

_____

_____

_____

Para hablar de los derechos de los ciudadanos

_____

_____

_____

_____

_____

Para hablar del hogar

_____

_____

_____

_____

_____

Para hablar de la escuela

_____

_____

_____

_____

_____

Para hablar de los derechos de todos

_____

_____

_____

_____

_____

Adjetivos y expresiones

_____

_____

_____

_____

_____

II. Grammar

1. How do you form the passive voice?

   _____

2. Does the past participle form change in the passive voice? Explain.

   _____

3. After what tenses do you use the present subjunctive?

   _____   _____

   _____   _____

4. After what tenses do you use the imperfect subjunctive?

   _____   _____

   _____   _____

5. What forms can be used after *como si*?

   _____

6. How do you form the conditional perfect?

   _____

7. In sentences with *si* clauses referring to the past, what form of the verb is used in the *si* clause?

   _____

8. In sentences with *si* clauses referring to the past, what form of the verb is used in the main clause?

   _____

9. Give the conditional perfect of *ir*:

   _____   _____

   _____   _____